KB024368

오래된 지혜

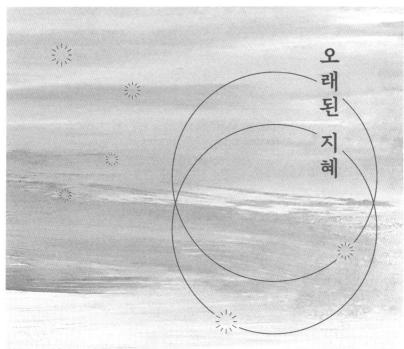

오
래
된

지
혜

Lessons from a
Third Grade Dropout

릭 릭스비 지음
조경실 옮김

• 릭 릭스비Rick Rigsby는 겨우 몇 분만 같이 있어도 다른 사람에게 깊이 영향력을 미치는 그런 사람이다. 놀라운 유머 감각과 뛰어난 목적의식, 올바른 가치관까지 갖춘 이 남자를 만나면, 누구라도 그의 말에 빠져드는 한편 자신의 삶을 반추하는 놀라운 경험을 하게 될 것이다. 그리고 그의 말을 듣다 보면 어느 순간 저절로 이런 질문이 떠오를 것이다. "당신의 아버지는 어떤 분이시죠?" 인생에서 중요한 목소리를 내는 한 사람이 없었다면 릭스비 박사 같은 사람은 나오지 못했을 것이다. 그를 향해 말하는 많은 '목소리'들이 있었지만, 그 모든 목소리 위로 떠오르는 하나의 목소리가 있었다. 물론 이 책의 중심 내용은 그 목소리다. 인생의 교훈을 담은 이 훌륭한 안내서는 릭 릭스비라는 사람이 성공할 수 있었던 이유를 명확히 보여준다. 한 사람의 열정은 다른 사람의 삶에도 깊은 영향을 남기는데, 릭스비 박사의 삶에 대한 열정과 목적의식은 그의 아버지가 남긴 커다란 유산임이 분명하다.

— 조셉 L. 갈링턴Joseph L. Garlington 박사, 피츠버그 커버넌트 교회 담임목사 · 리컨실리에이션 미니스트리즈 인터내셔널Reconciliation Ministries International 감리감독

• 릭 릭스비는 다른 사람을 진정으로 배려할 줄 아는 따뜻하고 열정적인 사람이다. 여러 전통적인 가치가 눈앞에서 사라지고 있는 요즘 같은 시대에 나라를 진심으로 걱정하고, 사회가 처한 위기 상황에 대해 고민하며, 최전방에서 변화를 만들어나가는 사람이 바로 릭 릭스비 박사다. 그는 내가 아는 가장 영향력 있는 강연자 중 한 명으로, 미국 전역을 돌며 강연을 하

고 명예롭게 사는 것과 옳은 일을 하는 것의 중요성을 전파한다. 사람들은 그의 말에 귀를 기울인다. 2006년, 나는 미국공군사관학교 인성 및 리더십 심포지엄의 운영을 맡아 릭스비 박사를 행사에 초청한 적이 있다. 그때 릭스비 박사는 청중들에게 기립 박수를 받으며 최고의 강연자로 평가받았었다. 이제 그는 이 책을 통해 한 단계 더 나아가 자신의 중요한 사명을 이어가려 하고 있다. 이 책에는 우리 모두가 어떻게 살아야 하는가에 관한 유용한 지혜와 귀중한 교훈이 꽉꽉 들어차 있다. 이 책에 담긴 중요한 메시지들을 꼭 읽어보라고 강력 추천하는 바이다. 부모, 교육자, 코치, 학생 그리고 이 위대한 나라의 미래를 진심으로 걱정하는 사람이라면 누구나 반드시 이 책을 읽어볼 것을 권한다.

— 조셉 W. 마졸라Joseph W. Mazzola, 전 미국 공군 대령·
전 미국공군사관학교 인성개발센터장

• 나는 릭 릭스비를 정말 좋아한다. 나의 친구 릭은 넓은 마음씨를 가진 큰 사람으로, 깨닫기 힘든 인생의 교훈을 정말 많이 알고 있다. 그리고 이 책에는 그런 교훈들이 고스란히 담겨 있다.

— 스튜 웨버Stu Weber 박사, 베스트셀러 작가 및 강연자·
굿 셰퍼드 커뮤니티 교회 공동 설립자

• 릭 릭스비 박사의 새 책은 요즘 젊은 사람들의 태도와 관련한 주요 문제

들을 정확히 짚어낸다. 이 책은 젊은이들이 변해야 하는 이유와 유용하고 효과적인 조언을 담고 있어, 어제의 값진 교훈을 오늘날의 세계에 적용하는 데 큰 도움이 될 것이다. 오늘을 사는 이 나라의 모든 젊은이들이 반드시 읽어야 할 책이다.

— 존 M. 키버John M. Keever, 캘리포니아 해양 대학교 해양 프로그램 및
학생개발부 처장 · 훈련함 '골든 베어' 함장

• 릭 릭스비는 정확히 옳은 말을 할 뿐 아니라, 우리 사회의 중요한 주제를 명확히 짚어내고 있다. 이는 온전한 인품을 가진 사람만 할 수 있는 일이다. 나는 이 책을 읽고 더 좋은 남편, 아버지, 코치, 남자가 되었다. 대학 새내기들이 읽으면 참 좋을 책이다. 우리 팀 신인선수 모두에게 선수생활을 시작하기 전에 이 책을 꼭 읽어보라고 권하고 싶다.

— 마이크 클락Mike Clark, 시애틀 시호크스 스트렝스 코치 ·
2005 NFL이 뽑은 '올해의 스트렝스 코치'

• 많은 사람에게 아버지란 이런 존재다. 우리를 무척이나 아꼈기에 올바로 자랄 수 있게 인성의 기준을 세워주신 분들. 열심히 일했고, 가족들을 많이 사랑했고, 일생을 명예롭게 걸어오신 분들. 릭과 나에게는 그런 아버지가 계셨다. 이는 정말 감사한 일이다. 만약 당신에게도 그런 아버지가 계셨다면 우리와 똑같이 가슴이 뛰는 것을 느낄 것이다. 혹시라도 그런 아버지

를 가지지 못했었다고 해도 실망할 필요는 없다. 그저 지금 이 책을 펴고 다정하게 말을 거는 '아버지'를 만날 마음의 준비를 하면 된다. 내 친구 릭 릭스비는 오늘날 사람들의 정신을 향해 말을 건네는 그런 아버지다. 릭은 자기 아버지에게서 듣고 가슴에 새긴 메시지들을 끄집어내 이 책에 기록했다. 하나님이 의도하신 사람이 될 수 있도록, 부디 소중한 하나님의 말씀이 여러분에게 깃들고 정신을 일깨울 수 있게 귀한 교훈을 배우겠다는 마음으로 이 책을 읽기 바란다. 릭은 사람을 격려하고, 웃음을 주고 깨닫게 해서 신념을 품게 하는 능력이 있다. 하나님이 바라시는 인품을 가진 사람이 되고 싶다면 이 책을 꼭 읽으라고 권하고 싶다. 책을 읽고 나면 이전과는 완전히 다른 사람이 되어 있을 것이다.

— 게리 로스버그Gary Rosberg 박사. 아메리카즈 패밀리 코치즈America's Family Coaches 대표 및 창업자 · 강연자 · 작가 · 팟캐스트 「아메리카즈 패밀리 코치즈」 공동 진행자

• 릭 릭스비는 상실과 고통을 견뎌낸 자신의 경험을 있는 그대로의 솔직함으로 이야기한다. 그런 다음 더 넓은 영역으로 나아가, 모두가 참여할 수 있는 지혜를 찾아 떠나는 여정으로 우리를 초대한다. 그는 통찰력을 얻기 위해 이 길을 먼저 걸었던 사람들의 말을 들어보자고 제안한다. 노련한 라이프 코치인 릭스비는 좋은 이미지를 만드는 사람에서 선한 영향력을 미치는 사람으로 한 걸음 나아가자고 말한다. 그의 책은 생각할 거리가 많을 뿐 아니라 마음가짐을 새롭게 확장하게 해준다는 점에서 매우 귀중한 가

치가 있다.
— 톰 포트슨Tom Fortson 박사, 프라미스 키퍼스Promise Keepers 회장 겸 대표이사

• 릭은 개인적인 경험을 통해 메시지를 분명하게 전달하는 능력이 뛰어나다. 그 능력 덕분에 사람들은 모두 매우 독특한 방식으로 그의 말을 이해하고 공감하게 된다. 또한 릭은 우리가 평범함을 뛰어넘도록 영감을 불어넣고 동기를 부여하는 능력도 갖추고 있다. 그는 기업들에 정직, 성실, 신뢰, 인성이라는 기본을 중시하면 더 많은 것을 성취할 수 있다고 말한다. 회사에서 그의 강연을 듣고 난 뒤, 모든 직원이 그의 말에 큰 감동을 받았고 깨달은 점도 많았다. 우리 회사가 고객, 협력사, 내부 직원을 위해 매일 더 나아지려고 노력할 때마다 그의 메시지는 우리 안에서 더 큰 울림을 만들어 낼 것이다.
— 마크 파이엇Mark Pyatt, SAP랩스SAP Labs, LLC 산업 간 전략 및 솔루션 본부장

• 텍사스 A&M 미식축구팀의 담임목사로서 릭 릭스비 박사는 우리 젊은 선수들에게 매우 중요한 역할을 해왔다. 그가 입을 열면 선수들은 그의 말에 귀를 기울인다. 그리고 달라진다!
— 찰리 F. 노스Charley F. North, 텍사스 A&M 대학 미식축구 운영팀장

• 릭 릭스비는 내가 아는 가장 위대한 강연자 중 한 사람이다. 그는 이 책에서 독자 한 사람, 한 사람의 삶에 오래도록 영향을 미칠 여섯 가지 강력한 진리를 이야기하고 있다. 릭과 그의 인생 그리고 이 책이 전하는 메시지에는 특별한 뭔가가 있다. 이전 세대로부터 물려받은 진리로 현세대에 선한 영향을 미치라며 신께서 그에게 축복을 내리신 게 틀림없다. 이 책이 전하는 교훈이 우리를 더 높은 곳으로 인도하리라 믿는다.

— 존 L. 메이슨John L. Mason, 베스트셀러
『크리스천 생활백서An Enemy Called Average』의 작가이자 강연자

• 릭스비 박사는 자신이 배운 인생의 여러 교훈을 한 권의 책으로 엮어냈다. 책 안에는 인생에서, 사업에서, 가정에서 성공할 수 있는 방법이 담겨 있다. 나는 텍사스 A&M 대학에서 미식축구 선수로 뛰는 동안 그를 만나 여러 가지 지식과 경험을 얻었다. 나는 성공의 비결에 목말라 있었고, 경험과 지식이 담긴 목소리를 늘 갈망했다. 릭스비 박사는 나의 성공 동기와 직업의식에 직접적인 영향을 주었다. 대학 시절 내가 얻은 교훈 덕분에 나는 NFL에서 9년 동안 성공적인 선수생활을 할 수 있었다. 나는 텍사스 소도시 출신이지만 어린 시절부터 커다란 꿈을 가지고 있었고, 긍정적인 영향력과 힘든 노력을 통해 개인적으로 꿈꾸던 것 이상을 이룰 수 있었다. 이 책에 담긴 교훈을 마음에 새기길 바란다. 책에 담긴 지혜가 꿈을 이룰 수 있는 원동력이 되어줄 것이다. 릭 릭스비는 지금까지도 내 인생에 깊이 영

향을 미치고 있다.

— 헌터 굿윈Hunter Goodwin, 올드햄 굿윈 그룹The Oldham Goodwin Group, LLC
사장 겸 COO

• 이 감동적인 책이 지속해서 전하는 메시지는 희망, 도전, 성장이다. 릭
릭스비 박사는 가족, 학생 및 다양한 환경과 상황에서 만나는 여러 사람과
함께하며 이 책이 전달하는 메시지를 직접 실천한다. 저자가 책에서 말하
는 내용은 실제로 그를 만났을 때의 모습과 정확히 일치한다. 릭스비 박사
는 주위 사람들에게 항상 커다란 영향을 주는 사람이다.

— 메리 R. 케인Mary R. Kane, 캔자스 FFA 협회Kansas FFA Association 이사

• 텍사스 A&M에서 지내던 시절, 릭스비 박사는 자신의 아버지로부터 배
운 교훈을 알려주었고, 덕분에 나는 어른으로 성장할 수 있었다. 나는 대
학에서 선수로 뛸 때뿐 아니라 NFL에서 활동할 때도 줄곧 이 교훈들에 의
지했다. 이 책에 담긴 교훈들을 배우길 권한다. 독자들에게도 깊은 울림을
줄 것이다.

— 베델 존슨Bethel Johnson, 뉴잉글랜드 패트리어츠New England Patriots 전 와이드 리시버

• 지난 수십 년간 전미대학체육협회NCAA 미식축구 분과에 몸담으며 내가

만난 사람 중 가장 역동적이고 영감을 주는 사람은 단연코 릭이었다. 나는 오랜 기간 그가 대학 선수들에게 진심이 담긴 지혜의 말을 전하며 그들의 삶에 큰 영향을 미치는 모습을 고스란히 지켜보았다. 그는 선수들이 졸업한 후에도 가정생활, 종교 활동 및 지역 활동에서 더 나은 사람이 되도록 영감을 주었다. 미래의 지도자를 육성하며 그들의 마음속에 핵심 가치를 심어주려고 노력하는 코치, 관리자, 전문기업인에게 이 책을 권하고 싶다. 지난 세대가 남긴 위대한 삶의 교훈에 감사하며, 그 교훈을 매일의 삶에 적용하게 될 것이다.

— 팀 캐시디Tim Cassidy, 아리조나 대학교 미식축구 운영팀 부책임자

• 추천의 글 2 •

릭 릭스비는 그동안 우리 팀 선수, 코치 그리고 나를 비롯한 전 세계 사람들에게 보석 같은 지혜를 나누어주었다. 그가 마침내 그 지혜를 한 권의 책으로 엮어 출간한다니, 자랑스럽기 그지없다.

1994년, 비행기 안에서 처음 릭을 만났을 때 나는 그의 지혜로운 생각과 진심 어린 태도에 깊은 인상을 받았고, 이 사람이야말로 우리 팀에 선한 영향력을 끼칠 만한 인물이라고 생각했다. 당시 나는 미식축구팀 코치로서 젊은 선수들의 삶에 좋은 영향을 주기 위해 뭔가 할 수 있는 게 더 있지 않을까 줄곧 고민하고 있었다. 우리는 선수들을 수입에 보내 기초적인 수학, 영어, 과학, 역사 등을 배우게 했고, 운동장에서는 기본적인 블로킹, 태클, 숄더패드를 낮게 유지하는 법 등을 가르쳤다. 하지만 진짜 알아야 할 기술, 다시 말해 생산적이고 행복한 삶을 살기 위해 반드시 알아야 하는 '라이프 스킬'은 가르치지 못하고 있다는 생각에 좋은 방법을 찾던 중이었다.

요즘은 라이프 스킬이라는 표현을 자주 쓰고 그걸 지도하는 사람도 많지만, 그 당시만 해도 그런 개념 자체가 아예 없었다. 나는 릭에게 이런 걱정을 털어놓으며, 학문과 미식축구를 가르치는 일 이상의 뭔가를 하려면 어떻게 하는 게 좋겠냐고 의견을 물었다. 그는 내 고민을 정확히 이해했고, 자신이 아버지에게서 배운 교훈이 있다면서 이야기를 시작했다. 비행시간이 너무 짧았기에 우리는 이 주제에 대해 더 논의하기 위해 이른 시일 내에 다시 만나기로 약속했다. 몇 번의 만남 이후, 나는 '라이프 스킬 코디네이터'라는 직책을 새로 만들어 릭에게 제안했고 릭도 내 제안을 받아들였다.

그날은 우리 팀 선수를 비롯한 모두에게 매우 기쁜 날이었다. 그때부터 릭은 팀과 관련된 모든 일에 관여했다. 그는 초등학교 3학년을 중퇴한 아버지에게서 배운 교훈을 바탕으로, 라이프 스킬이라는 과목의 강의 계획서를 만들어 선수들을 가르쳤다. 팀 선수와 스태프를 위한 예배를 진행했고, 모두가 잘 사는 방법을 배울 수 있게 도와주었다. 릭은 아내를 암으로 잃는 비극을 겪으면서도 자신이 깨달은 교훈을 통해 극복해나가는 모습을 직접 보여주었고, 나는 그 모습을 옆에서 지켜보았다. 릭 릭스비는 경험이 매우 풍부할 뿐 아니라, 인생이라는 경기에서 우승하려면 어떤 도구가 필요한지 정확히 아는 사람이다. 이 책이 독자 모두가 원하는 목적을 이루는 데 큰 자산이 되리라 확신한다.

— R. C. 슬로컴R. C. Slocum, 텍사스 A&M 대학교 미식축구팀 전 감독 ·
텍사스 스포츠 명예의 전당 회원

· 들어가는 말 ·

이 책의 최종 원고를 출판사에 보낼 무렵, 일간지 《USA 투데이USA Today》에서 깜짝 놀랄 만한 기사 하나를 보았다. 기사의 제목은 「학업 중퇴자들의 불만: 학교는 우리에게 별 기대를 걸지 않았다」였다(2006년 3월 2일, 9D면 게재). 기사를 쓴 그렉 토포Greg Toppo는 빌 앤드 멜린다 게이츠 재단Bill and Melinda Gates Foundation의 후원을 받아 진행된 설문조사 결과를 소개했다. 그 결과에 따르면 "고등학교 중퇴자 가운데 대략 3분의 2가 학교가 자신에게 기대를 더 많이 걸었더라면 더 열심히 노력했을 것"이라는 답을 내놓았다고 말한다.

이 설문조사 결과는 오늘날 우리 사회가 지닌 중대한 문제점 하나를 지적하고 있다. 우리는 기대 수준이 낮은 시대에 살고 있다. 사실 사람들은 낮은 기대치 속에서 사는 일을 찬양하기까지 한다. 대충 살 수 있다면 무슨 짓이든 하겠다는 게 목표가 되어버렸고, '그냥 얼른 끝내기만 해'가 슬로건이 되어버렸다. 그저 겉모습을 그럴싸하게 꾸미는 것이 요즘 사람들이 가장 중요하게 생각하는 부분이다.

요즘 사람들이 살고 일하는 방식은 우리 부모 세대의 방식, 즉 목적이 있는 삶과는 매우 다르다. 이전 세대의 어른들이 세대가 흐를수록 탁월함의 기준이 점점 낮아지고 있다고 말씀하시던 것을 기억한

14

다. 열 살의 나이에 그런 말을 들었을 때는 쓸데없는 걱정이라고 생각했는데, 쉰 살이 되니 정말 맞는 말이라는 생각이 든다. 어떤 일을 정말 잘하는 것보다 잘하는 것처럼 보이는 것이 더 중요해진 사회에서, 우리는 탁월하다고 인정할 수 있는 그런 지점에 다다른 적이 있을까? 일을 제대로 하고 있다는 자부심을 스스로 부여한 자격과 권리, 완벽한 사무실, 번드르르한 정장과 맞바꾼 것은 아닐까?

나는 지난 세대를 대표하는 사람들이 묵묵히, 자신도 모르게 무의식적으로 실천했던 삶의 양식과 지혜를 소개하고 다시 알려주려고 한다. 그 시대 사람들은 불평 없이 열심히 일했으며, 회사를 키우고 가족을 부양하기 위해 필요한 일에 온 마음을 다해 헌신했다. 제대로 일하는 데서 자부심을 느꼈으며, 멈추지 않고 일했다. 그 시대에는 기준도 높았다. 그들은 자기 자신과 자신이 돌봐야 할 다른 사람을 위해 높은 기대치를 갖고 살았다.

앞으로 소개할 초등학교 3학년 중퇴자는 그 세대의 사람 중 하나다. 그는 비록 정규교육을 제대로 받지 못했지만, 그의 삶이 주위에 미친 영향력을 생각하면 그런 이력은 아무것도 아니다. 그는 평생 단 한 번도 변명하며 뒤로 물러선 적이 없었다. 자신이 가진 문제들이 현재를 결정하거나 미래에 영향을 미치도록 그냥 보고만 있지 않았다. 운명이란 건 선택하는 것이지, 우연히 주어지는 행운이 아니라는 사실을 그는 알고 있었다. 그가 한평생 지켰던 단순하지만 심오한 삶의 철학은 오늘날 직간접적으로 그를 아는 새로운 세대에까지 계속해서 영향력을 미치고 있다.

이 책은 이 남자의 삶이 보여주는 몇 가지 교훈을 전달한다. 그것은 오늘날 사회에서는 매우 보기 드문 종류의 지혜다. 우리를 더 나은 사람, 더 위대한 지도자, 더 효율적으로 일하는 일꾼이 되게 해주는 지혜다. 주위에 좋은 이미지를 보여주는 사람이 아닌, 좋은 영향력을 미치는 사람이 되게 해줄 그런 지혜인 것이다.

이 남자는 다름 아닌 나의 아버지다. 나는 이 책을 통해 초등학교 중퇴자의 소박한 삶이 어떤 교훈을 주는지 이야기해보려 한다. 또 그 교훈을 통해 우리 삶이 어떻게 고양되고, 기업의 문화가 어떻게 달라지고, 가족이 어떻게 화합할 수 있는지 이야기해보려고 한다.

• 차례 •

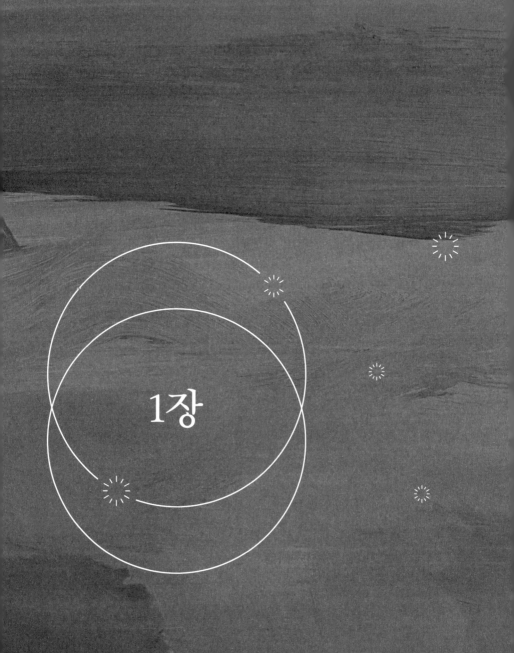

1장

우리 삶의 방식,
대체 무엇이
잘못된 걸까?

The Old Wisdom

무엇이 삶을 무기력하게 만드는가

내 인생에서 가장 힘들었던 시기는 아내 트리나Trina를 잃었을 때였다. 아내가 누워 있는 관을 내려다보고 있자니, 눈앞에 입을 벌린 깊고 어두운 심연을 들여다보는 기분이었다. 나 혼자 어떻게 살아야 할지 앞일이 막막했다. 나아갈 방향도, 미래도, 희망도 보이지 않았다.

어린 두 아들과 내게 삶은 끝난 것이나 다름없었다. 제러마이아Jeremiah와 앤드루Andrew는 엄마를 그리워했지만, 엄마가 절대 돌아오지 않으리라는 갑작스럽고도 모진 현실을 그들로부터 숨길 방법은 없었다. 이제 두 번 다시 아이들은 엄마와 함께 소풍을 가거나, 크리스마스트리 장식을 하거나, 모닥불 주위에 둘러앉아 뜨거운 코코아를 마실 수 없었고, 티볼T-Ball 경기를 하는 동안 엄마의 응원 소리를 들을 수도 없었다.

'절대'라는 말은 그처럼 결정적이었다. 내 아이들이 엄마와 함께 뭔가를 하는 건 이제 절대 불가능했다. 죽음은 그런 것이다. 두 번다시 할 수 없는 것들이 만들어낸 공간 속에서 나는 숨쉬기조차 힘들었다. 어느 시점에 이르자 나는 선택을 해야 했다. 계속 살 것인가, 아니면 죽을 것인가? 믿음과 용기로 나 자신을 추스르고 다시 제대로 살기 위해 노력할 것인가, 아니면 죽은 것도 산 것도 아닌 상태로 그저 눈만 뜬 채 살아갈 것인가?

당시 마흔한 살이었던 나는 스스로에게 이렇게 물었다. "남은 인생을 계속 이렇게 죽지 못해 살아갈 거야?" 하지만 적어도 그 순간만큼은 그냥 대충 사는 것도 나쁘지 않아 보였다.

흐름에 몸을 맡기고 되는대로 사는 것, 다시 말해 주변에 잘 살고 있다는 이미지만 보여주는 일은 어렵지 않다. 그냥 사는 데 필요한 최소한의 것에 만족하면 된다. 누구도 살아가는 목적 따위를 묻지 않고, 내게 뭔가를 기대하지 않으며, 더 나은 사람이 되라고 압박하지도 않는 그런 삶을 살면 된다. 이런 삶에는, 무엇보다도 인생에서 바꿔야 할 것도 없다.

나는 홀아비였다. 사람들 눈에 나는 너무나 불쌍한 인간이었기에, 그들은 내게 어떤 책임도 묻지 않았다. 나 역시 내 행동을 굳이 설명하지 않았다. 그저 하루하루를 근근이 버티는 것만이 나를 위로해주었다. 그런 삶은 내게 아무런 책임이나 의무도 없이 자유롭다는 착각을 심어주었다. 우리 사회는 성공한 듯 보이는 것을 가장 중요하게 생각해서, 오히려 사람들에게 너무 애쓰지 말고 살기를 부추기는 분위기가 팽배해 있었다.

사실 나는 천천히 죽어가고 있었다. 직관의 영역을 벗어나는 뭔가를 시도해보고 싶은 욕망은 전혀 없었고, 얼마 후에는 눈에 보이는 것조차 중요하게 여겨지지 않았다. 하지만 다른 것을 그리 많이 요구하지 않는 세계에서는 이렇게 사는 일도 괜찮았다.

특히 눈에 보이는 이미지의 힘만 잘 이해한다면, 인상주의 작품처럼 막연한 삶도 이상할 정도로 쉽게 용인받을 수 있다. 논리는 간단하다. 우리는 시각적인 세상에 살고 있고, 사람들은 좋게, 유능하게, 위대하게 '보이는' 것을 좋아한다. 그래서 우리는 도덕을 기꺼이 물질주의로 대체하고, 원칙을 인기와, 인품을 편리함과 맞바꾼다. 이미지를 다듬고 겉모습만 번지르르하게 꾸밀 수 있다면 성공은 어렵지 않다. 이런 세상에서 친구, 부와 재산, 주변 환경은 세속적인 보상과 즉각적인 만족감을 약속하는 이미지의 형성에 중요한 상징으로 작용하기에 가치를 가진다.

최근 돌아가는 세태를 자세히 들여다보면, 사람들을 움직이는 지혜가 무엇인지 분명히 알 수 있다. 요즘에는 꼭 배우자를 잃은 사람만 무기력하게 사는 게 아니다. 사실 사람들은 어렵고 힘든 시기를 거쳐야 더 나아질 수 있다는 의식조차 없다. 멋진 친구들, 적당한 물건들만 있으면 삶이 탁월하고 성공적이라는 인식을 만들 수 있다. 좋은 이미지를 만드는 일은 그리 힘들지 않다. 무엇보다 요즘엔 힘과 용기 또는 신의 계시를 얻기 위해 인생의 힘겨운 일들을 헤쳐나가며 노력할 필요가 없다. 세속적인 자기 계발에 필요한 게 아니라면 과연 누가 어려운 길을 택하겠는가? 분명 나는 그런 선택은 하지 않을 터였다. 그리고 그런 생각을 하는 사람은 나뿐만이 아니다.

이런 인식 체계가 마음속에 깊이 배어 있기에, 우리 시대의 사람들은 나아지기 위해 변화해야 할 이유를 알지 못한다. 가치를 정확히 평가하고, 분석하고, 현재 환경에 맞게 적용하기를 거부한다. 다시 말해, 사람들 대부분이 현실을 부정하고 있는 것이다. 나 역시 그랬었다. 예를 들어, 나는 몸무게가 180킬로그램이 넘었지만, 스스로 덩치가 큰 사람일 뿐 주치의가 말한 대로 병적인 비만은 아니라고 믿었다.

그게 현실 부정이었다는 건 나도 안다. 몸무게가 135킬로그램만 넘어가도 병적인 비만으로 분류한다. 그때 몸무게의 절반을 뺀 지금, 중요한 건 몸무게가 아니었음을 똑똑히 알고 있다. 나는 친한 친구이자 의사인 헤이우드 로빈슨Haywood Robinson의 도움을 받아 주기적으로 하는 다이어트가 아닌, 건강한 생활 방식을 포함하는 인생 계획을 세우고 실천했다.

내 경우, 비만은 현실 부정이 야기한 저항의 결과였다. 이런 부정은 내 생명을 위협하고 진짜 문제를 보지 못하도록 시야를 가로막았다. 그런데 이와 똑같은 부정의 행태가 오늘날 우리 문화에서도 보이고 있다. 사람들은 진정 변화해야 할 이유를 알지 못한다. 지금 행복하고 잘 입고 잘 먹고 잘 사는데, 무엇보다 성공한 것처럼 보이는데, 뭔가를 바꾸고 고치겠다는 생각을 왜 하겠는가?

대체 사는 데 필요한 최소한의 것 이상을 왜 추구해야 한단 말

인가? 트리나의 장례식 이후, 나는 겉으로 괜찮은 척하는 게 여러모
로 편하다는 걸 깨달았다. 그래서 가족들과 친구들이 안부를 물으
면 "괜찮다"라고 답하곤 했다. 수업에 나갔고 학생들과도 별문제 없
이 지냈다. 친구들이 아이들을 학교까지 데려다주고 또 집으로 데려
오는 일부터 크리스마스트리를 손질하는 일까지 여러 가지를 도와
주었다. 심지어 죽음이 모든 걸 앗아간 장소에서조차 나는 우리 가
족이 괜찮은 것처럼 보이게 하려고 노력했다. 나는 얼마나 오랫동안
이렇게 할 수 있을까? 정말 달라져야 할 필요가 없다고, 얼마나 오랫
동안 다른 사람들과 나 자신을 납득시킬 수 있을까? 나는 일종의 가
수假睡 상태에 빠져 있었다. 기계적으로 하루하루를 살았다. 내 인생
은 무용으로 치면 평범하기 그지없는 스텝의 재미없는 춤이었고, 극
본으로 치면 다음 내용이 빤히 보이는 상투적인 줄거리의 연극이었
다. 나는 평생 이렇게 살 수도 있었다.

　이렇게 사는 게 뭐 그리 비루한 일이란 말인가? 이게 뭐 대수인
가? 누가 신경이나 쓰는가? 목사나 신부가 그냥저냥 쉽게 살길 바란
다고 그게 엄청난 죄인가? 스포츠팀의 코치가 경쟁 우위를 잃고 마
지못해 경기를 치른다고 그게 그리 큰 손실인가? 대학생이 4년이라
는 시간과 수천 달러의 돈을 낭비하며 부모와 교수를 속였다고 그게
뭐 그리 대단한 실패란 말인가? 직원에 대한 연민이라곤 눈곱만큼도
없는 회사 사장이 자신은 아르마니를 입고 재규어를 타고 별장을 옮
겨 다니며 사는 동안, 직원들 월급은 조금도 올려주지 않는다고 해

서 그게 뭐 그리 흉악한 범죄란 말인가? 우리 삶의 방식이 대체 뭐가 그렇게 잘못됐다고?

종교와 가족, 친구가 없었다면 나는 아내를 잃고 살아남지 못했을 것이다. 하지만 되는 대로 살며 무기력해질 대로 무기력해진 상태에서 벗어나기 위해서는, 기도를 하면서 주변 사람들과 고통을 나누는 것만으로는 충분하지 않았다. 누구라도 나와 비슷한 상황에 놓일 수 있다. 시간이 지날수록 불만만 쌓이는 관계 속에서 좌절할 수도 있고, 모두가 아무 희망이 없다고 말하는 그런 처지에 놓일 수도 있다. 그럴 때 어느 선까지는 가족과 친구가 도움이 되기도 한다. 하지만 우리는 잘 알고 있다. 예전의 평범했던 일상으로 되돌아가기 위해서는 기적이 일어나야 한다는 사실을 말이다.

어린 시절, '행함이 없는 믿음은 죽은 것이다'라는 진리를 『성경』에서 배웠다. 나도 뭔가를 행해야만 했다. 새로운 일이나 직업에 도전해야 했다는 뜻이 아니었다. 새로운 마음가짐을 갖기 위해 노력해야 했다는 뜻이다. 사고의 틀을 바꿔야만 했다. 슬픈 마음을 감사한 마음으로 바꿔야 했다. 동정과 연민의 대상에서 열정을 가진 주체로, 흐름에 몸을 맡기고 마지못해 하루하루 사는 사람에서 환경에 굴하지 않는 사람으로 거듭나야 했다. 한마디로, 사람들에게 좋은 이미지만 보여주는 사람에서 선한 영향력을 미치는 사람으로 나아가야 했다.

세대 간의 단절

사고방식을 180도 다른 방향으로 전환할 방법을 고민하다가 오래전부터 부모님께서 해주셨던, 가슴속 깊이 남아 있는 지혜의 말들을 떠올렸다. 다른 사람들도 그렇겠지만, 세월의 흔적이 깊어질수록 점점 더 현명해지시는 부모님을 보며 나는 자주 깜짝깜짝 놀라곤 했었다. 나는 스스로에게 물었다. "삶에 대한 열정이 갑자기 사라졌을 때 어머니라면 어떻게 하실까? 평생 가장 사랑한 사람이 세상을 떠났을 때 아버지라면 어떻게 하실까?" 나는 계속 질문했다. "마음이 이토록 고통스러울 때 그분들이라면 어떻게 하실까?" 우리 부모님은 그 세대 많은 분이 그렇듯 세상을 살아가는 지혜를 알고 계셨다. 이런 생각이 들었다. '내 마음속 소란을 가라앉히고 가만히 귀 기울이면, 부모님의 말씀이 내 안으로 다시 돌아와 이 고통에서 벗어날 수 있도록 이끌어줄 거야.'

현대 사회에는 지혜가 없다. 이런 사실은 우리 삶의 질에 큰 위협을 가하고 있다. 우리 세대는 이전 세대가 지닌 지혜로부터 철저히 분리되었다. 오늘날 세대 간의 단절은 엄청난 분열로 이어지고 있다. 비록 그런 분열이 경제적, 사회적, 정치적 발전까지 저해하지는 않지만, 우리는 사회의 가장 위대한 자원을 잃을 위기에 처해 있는 것이다. 천연자원 얘기를 하는 게 아니다. 과학 기술의 발전과 혁신으로 우리는 더 이상 석탄을 캐거나 금을 추출하기 위해 원시적인

노력을 할 필요가 없다. 내가 말하는 자원은 우리보다 앞서 모험을
한 사람들이 전해주는 궁극적인 선물을 의미한다. 그 자원은 도덕적
으로 건전한 판단과 식견, 다시 말해 이른바 '삶의 양식'이라고 일컫
는 지혜다.

'행하는 사람들'이었던 이전 세대와 '보는 사람들'인 현세대 간의
단절은 그 정도가 심각하다. 톰 브로코Tom Brokaw는 자신의 역작 『위
대한 세대The Greatest Generation』에서 이전 시대의 사람들에 관해 자세히
다루었다. 그는 어린 시절 대공황을 겪으며 살아남은 그 세대에 관
해 이렇게 설명했다. 제2차 세계대전이 일어났을 때 조국을 지키기
위해 싸웠고, 전후 미국의 사회 기반 시설을 재건했고, 인류 역사상
가장 위대한 기술 혁명이 일어날 수 있는 토대를 마련했으며, 베이
비붐 세대를 낳고 길러낸 사람들이라고 말이다.

그 세대를 대표하는 사람은 우리 주변에서도 흔히 볼 수 있다. 그
들이 지닌 노동윤리는 정말 주목할 만하다. 그 세대의 사람들은 일
을 가치 있게 여겼고, 자기 일을 제대로 하는 데서 자긍심을 느꼈다.
일터에 일찍 나갔고, 책임감으로부터 달아나지 않았으며, 최선을 다
해 노력했다. 이들은 이토록 근면 성실한 사람들이었다. 그들의 몸
에 밴 습관은 보여주기 위한 게 아니었다. 제 일을 제대로 하는 것은
그들이 살아가는 방식이었다.

내가 소개하려는 로저 매리언 릭스비Roger Marion Rigsby도 이 세대를
대표하는 사람 중 한 명이다. 그는 초등학교 3학년 때 학교를 중퇴

했지만, 내가 아는 사람 중 가장 지혜로운 사람이다. 나는 오랜 시간 그와 함께하며 그를 나의 롤 모델로 삼았고, 많은 것을 배웠다. 로저 릭스비는 내게 단순한 멘토가 아니다. 그는 나의 아버지다.

20세기 초, 텍사스 주 헌츠빌에서 태어나 자란 아버지는 부모님의 일손을 돕기 위해 초등학교를 그만두어야 했다. 텍사스 주 동쪽 '파이니 우즈'라는 거대한 산림지역 경계에 자리 잡은 작은 마을에서 아프리카계 미국인으로서 사는 일은 쉽지 않았고, 경제적으로도 늘 궁핍했다. 아버지의 동생인 에드워드Edward 삼촌 말에 따르면, 당시 흑인 가정은 소작농이 대부분이었고, 농사를 짓고 가축을 기르고 사냥을 하는 등 닥치는 대로 일해야 겨우 입에 풀칠이라도 할 수 있었다. 대공황이 휩쓸고 간 뒤에 흉년까지 든 미국에서 대가족을 부양하려면, 편안함과 안락함은 일찌감치 포기해야 했다. 먹고사는 데 필요한 일을 모두 했고, 힘이 닿는 한 최선을 다해 일했다.

아버지는 대가족에서 나고 자랐다. 나의 할아버지 루퍼스Rufus는 가족을 부양하기 위해 매우 열심히 일했고, 동네에서도 성실하기로 정평이 나 있는 분이었다. 할아버지는 자식들에게도 부지런해야 한다고 늘 강조했다. '마모Mamo'라는 애칭으로 불렸던 할머니는 의지가 강하고 믿음은 더욱더 강한, 신앙심 깊은 분이었다. 두 분의 자녀 올린Olin, 비비언Vivian, 로저Roger, 미리엄Miriam, 오펄Opal, 에드워드, 메이시Macy는 힘든 시대를 살아나가며 가치 있는 삶의 지혜를 배웠고, 그 귀중한 교훈을 릭스비 가문의 다음 세대에게 물려주었다.

아버지의 형제자매 중 이 책을 집필할 때까지 살아 계셨던 올린, 에드워드, 오펄은 아버지에 대해, 어린 나이에도 불구하고 남다른 뭔가가 있었다고 입을 모아 말했다. 노동에 대한 가치관이 매우 굳건했고, 그에 못지않게 정의감도 남달랐다는 것이다. 그들의 말에 따르면, 아버지는 모든 사람을 존중했고, 누구도 두려워하지 않았으며, 다른 이의 실수에 너그러운 사람이었다. 아버지의 그런 특성은 다른 사람들의 귀감이 될 만했으며, 특히 인종 차별이 공공연히 이루어지던 사회에서 살아남기 위해 애쓰는 유색 인종에게는 더더욱 그랬다. 아버지는 제2차 세계대전 기간 동안 육군에 복무하기도 했다. 이런 일을 포함해 그가 어린 시절과 청년 시절을 거치며 겪은 경험들을 들어보면, 수많은 고난을 견뎌내며 소중한 가치들을 몸소 삶 속에서 구축했다는 것을 분명하고 확실하게 알 수 있었다. 그리고 결국 그런 경험과 지혜는 그 지역 사회의 베이비붐 세대 전체에게 영향을 미쳤다.

나는 이전 세대의 지혜를 배우는 일이 우리 세대와 이전 세대를 이어주는 가교의 역할을 하리라 믿는다. 우리가 이전 세대의 가치관을 배운다면, 잘 갈고닦은 식견과 건전한 판단력이 당연한 생활 방식으로서 가치 있게 여겨지던 시절의 특성들을 자연스레 물려받게 될 것이다.

지혜의 흐름이 가로막혔다고 해서 과학 기술의 발전이 저해되지는 않을 것이다. 역사적으로 지난 20세기만큼 과학 기술이 눈부시게 발전한 시대는 없었다. 하지만 지혜의 흐름이 차단되면, 당장 눈에 보이지 않는다 해도 결국 질병, 전쟁, 기근만큼이나 파괴적인 문제들이 생겨날 수 있다. 리더들이 지혜를 따르는 일을 등한시하는 사회에서는 조직과 구성원도 지혜를 등한시하게 마련이다. 그렇게 되면 사회는 중대한 위험에 처하게 된다. 복잡한 문제에도 간단한 해결 방법을 추구하는 사회가 되는 것이다. 그런 사회에서는 '평범'에 만족한다. 직원들은 그저 회사에서 여덟 시간을 보내기만 하면 된다. 그런 환경에서 그들은 내용보다는 겉모습을, 원칙보다는 개인의 이익을, 인성보다는 편리함을 중시하게 된다. 이렇듯 진정한 리더십이 없다면, 과학 기술의 발전도 아무 의미가 없을 것이다. 신뢰할 수 있는 사용자들이 없다면, 초고속 정보 통신망이 무슨 소용이 있겠는가?

저명한 신학자 하워드 헨드릭스Howard Hendricks 박사는 오늘날 리더십의 가장 큰 문제는 지도자들에게서 인품이 보이지 않는 것이라고 말한다. 여러 가지 근거를 가지고 문제의 원인을 콕 집어낸 그의 말이 너무 정확해 한편으로는 씁쓸하기까지 하다. 인품의 결여는 자신이 속한 정당, 민족, 사회경제적 계층으로 감출 수 있는 게 아니다. 진실성이 결여된 모습은 우리 주위에서 흔하게 볼 수 있으며, 기업체, 정당, 봉사 단체, 학교, 정부, 종교 기관 등 여러 조직의 구성원들에게 심한 타격을 주고 있다. 한때는 상상도 할 수 없던 일들이 요즘 성직자들 사이에서 빈번하게 일어나고, 코치나 기업 총수가 기소당하고 감옥에 가는 사건도 매우 흔한 일이 되었다.

헨드릭스 박사는 댈러스 신학 대학교에서 학생들을 가르치며 훌륭한 인재를 많이 배출해 '교수님'으로 더 잘 알려져 있는데, 최근 나는 그와 함께 점심식사를 하는 매우 영광스러운 자리를 갖게 됐다. 그가 내게 해준 충고는 좋은 설교자가 되라는 말도, 좋은 작가가 되라는 말도 아니었다. 다만 정신 상태를 깨끗하게 유지하고 끝마무리를 잘하는 좋은 사람이 되라는 말이었다. 그는 특유의 말투로 이렇게 말했다. "릭, 언제나 재능보다 인성을 우선시해야 해요." 식사는 겨우 한 시간 동안 이어졌지만, 그때 들은 말씀은 지금까지 가슴에 남아 있다.

새천년의 시대에, 사회의 커다란 단절은 가장 본질적인 국면에서 두 세대를 갈라놓았다. 지금 우리가 가장 심각하게 걱정해야 할 문제는 '미국이 전 세계의 지도자이자 초강대국으로서의 힘을 잃게 되느냐 마느냐'가 아니다. 패러다임의 전환이 개인과 조직, 국가의 위상을 재편하는 상황에서 경제 분야, 사회 조직, 교육 기관, 학교가 직면한 중요한 문제는 '패러다임의 대전환을 기꺼이 받아들일 수 있느냐 없느냐'다. 현재 우리는 중대한 갈림길에 서서 수많은 도전을 마주하고 있다.

이 갈림길의 한쪽 끝은 매우 매혹적인 동시에 기만적이다. 우리는 되는대로 적당히 살 것인지, 아니면 삶을 변화시킬 만한 강령을 신중하게 채택할 것인지 선택해야 한다. 후자를 선택한다면 사람들 개개인은 자기 일에 더욱 헌신하여 주위에 긍정적인 영향을 주어야 할 것이다. 그렇게 되면 더 친밀한 가족, 더 탄탄한 지역 공동체, 더 탄력 있는 업무 환경이 만들어진다. 현재의 사업 운영 방식은 극히 불안정한 상태에 놓여 있다. 앞으로 세계를 짊어질 젊은 세대는 세상을 바꿀 기발한 아이디어와 독창성, 창의력으로 변화를 가져와야 한다. 성실하고 정직한, 제대로 된 사람이 되기 위해 힘껏 노력하는 개개인이 없다면, 초강대국이라 한들 그 나라가 얼마나 강한 힘을 발휘할 수 있을까? 기업은 얼마나 큰 성공을 거둘 수 있을까? 코치는 어떤 유산을 남길 수 있을까? 또 지도자는 다른 사람에게 어떻게 영감을 줄 수 있을까?

오래된 지혜에서 찾은 미래

나는 이 책을 통해, 세월이 흘러도 변치 않는 교훈을 다시 배우자고 설득하려고 한다. 우리는 우리 세대의 리더, 노동자, 가족, 자녀를 이전 시대의 핵심 가치와 다시 만나게 해야 한다. 우리는 그 가치들이 거칠고 고리타분한 구식에 꽉 막힌 사고방식이라고 매도하는 텔레비전 프로그램들을 보며 자랐지만, 사실은 그렇지 않다는 것을 이제 조금씩 깨닫고 있다. 오랜 세월에 걸쳐 유효성이 증명된 몇 가지 믿음을 다시 꺼내 찬찬히 들여다보면, 오늘날 우리가 직면한 여러 문제에 대한 해답을 발견할 수 있을지 모른다.

이전 세대가 여러 분야에서 아쉬운 점을 보인 것은 사실이다. 대표적으로 인종이나 성 평등 문제에서 그랬다. 비난받아 마땅한 그런 잘못을 묵인할 생각은 없다. 하지만 전쟁, 기근처럼 절망스러운 상황에서도 국가를 지탱했던 그 세대의 가치들은 강조하고 기려야 한다고 믿는다.

지금 나는 하와이의 섬들에 둘러싸인 남태평양 해안가에서 부드러운 바닷바람을 맞으며 이 글을 쓰고 있다. 진주만에서 벌어졌던 전쟁의 참상을 기록하고 전시한 기념관에서 멀지 않은 곳이다. 이곳에서 나는 나라를 지키기 위해 싸우고 전쟁의 폐허 속에서 나라를 재건했던 지난 세대의 성숙한 시민의식과 용기에 대해 생각한다. 남자든 여자든, 그 시대 사람들의 마음속에는 특별한 뭔가가 있었다. 그들은 가치 있는 뭔가를 만들어냈고, 그 가치에 따라 옳은 일을 했다. 그 가치는 기업 문화에, 팀 조직 내부에, 가족 구성원 안에 깊이 뿌리내렸다. 나라를 위해 기꺼이 목숨을 바친 젊은 군인의 모습은 무척이나 고결하고 숭고하다. 요즘도 전쟁터에서 그때와 똑같이 용감하게 자신을 희생하는 군인들의 모습을 볼 수 있다는 것은 참 감사한 일이다. 하지만 유감스럽게도 다른 곳에서는 그와 비슷한 영웅적 행동을 찾아보기가 어렵다.

과거의 노동자들과 오늘날 시민들의 이미지를 비교하면 무척이나 대조적이다. 뉴스를 보면 서로 속이고 훔치고 감옥에 끌려가는 사건들이 끝없이 이어지는 듯하다. 리더십에도 커다란 공백이 생겼다. 사람들은 자기가 하는 일에 자부심을 느끼지 않고, 일을 제대로 해내기보다는 일단 그냥 끝내려 한다. 그리고 정말 괜찮은 사람이 되려고 하기보다는 그저 괜찮은 사람처럼 보이려 한다. 공백은 그런 데서 생긴다. 새로운 밀레니엄 시대에 우리의 목표는 '좋은 이미지를 만드는 것'이 되었다.

그렇다면 이전 시대의 문화에는 과연 어떤 가치들이 새겨져 있었던 걸까? 그 시절의 사람들은 어떻게 30분마다 시계를 보지 않고 자신의 시간과 에너지를 모두 쏟으며 정직하게 일할 수 있었던 걸까? 요즘에는 회사의 근무 규정을 어기는 일이 이토록 빈번한데, 그때는 어떤 문화적 요소가 있었기에 그런 것들을 성실하게 지켰던 걸까? 무엇이 사람들에게 진실을 말하게 하고 옳은 일을 하게 했을까? 왜 사람들은 기꺼이 다른 사람을 돕고, 보살피고, 진심으로 걱정했을까? 지난 50년 동안 우리 세계는 기술적으로는 거대해졌지만, 도덕적으로는 너무나 왜소해지고 말았다. 지금 당장은 대단해 보여도, 그런 식으로 둘로 나뉘어서는 어떤 식의 발전도 지속할 수 없다. 이 윤리적인 역설은 이런 질문을 하게 만든다. 우리 삶의 방식은 대체 무엇이 잘못된 걸까?

나의 아버지 로저 릭스비는 매우 소박하지만 심오한 삶을 살았다. 내가 어렸을 때 우리 가족은 샌프란시스코 만(灣)의 '발레이오'라는 곳에서 살았다. 돌이켜보니 그 시기에 나는 아버지에 대해 그다지 진지하게 생각해본 적이 없었다. 아버지는 그 시대의 모든 아버지와 비슷했는데, 이는 한마디로 아이들에게 매우 엄격한 아버지였다는 뜻이다.

아버지는 매우 현실적인 분이었다. 즐겁게 사는 법을 알았지만, 절대 순간의 기분에 휩싸이는 행동은 하지 않으셨다. 그런 생활 방식은 어린 시절과 군사 훈련을 거치며 습득한 것으로 보이는데, 어쩌면 자신이 직접 스스로를 단련시키기 위해 만든 규칙이었는지도 모른다. 그게 어떻게 만들어졌건 간에 아버지는 항상 중심을 잃지 않았고, 항상 최선을 다했고, 항상 옳은 일을 했고, 항상 다른 사람을 도우셨다.

할아버지와 마찬가지로 아버지도 우리 형제에게 똑같은 생활 방식을 요구하셨다. 엄했지만, 공정했다. 또한 변명에 그다지 너그럽지 않았다. 아버지가 어떤 일을 하라고 말하면, 무슨 일이 생기든 우리는 그걸 해야만 했다. 그걸로 끝이었다. 더 이상의 핑계는 용납되지 않았다. 이후에 대학에서 학생들을 가르치는 동안, 나는 학생들이 과제를 제출하지 않거나 시험을 엉망으로 친 후 여러 핑계를 끝도 없이 늘어놓는 것을 보고 어찌나 놀랐는지 모른다. 우리 시대의 사람들이 일은 제대로 하지 않으면서 얼마나 많은 변명을 늘어놓는지 새삼 깨달았다. 누군가 변명을 할 때는 아에 귀를 닫아버리던 한 남자를 떠올리며, '이 친구들도 로저 릭스비 같은 사람을 겪어봤어야 하는데……'라는 생각에 그저 웃고 말았다.

만약 우리가 그렇게 자주 변명하지 않는다면 삶은 어떻게 달라질까? 자신이 한 말을 지키고, 하겠다고 말한 것을 하고, 그 과정에서 스스로 더 많은 책임을 진다면 삶의 질은 얼마나 더 나아질까? 아버지는 높은 기준을 유지했고, 자기가 한 말을 지켰고, 자식들에게도 똑같은 태도를 보이도록 가르치셨다.

나는 아버지가 집에서 요리를 하셨던 어느 날을 기억한다. 그날은 지게차 운전기사였던 어머니가 야간 근무를 하는 날이어서 아버지가 저녁 준비를 하셨다. 열 살짜리 애들이 다 그렇듯 그날따라 나는 아버지가 만든, 평소와 다른 음식을 먹어야 하는 게 싫었다. 메뉴는 대구 구이였다. 나는 아버지에게 대구 구이를 좋아하지 않기 때문에 먹고 싶지 않다고 또박또박 말했다. 아버지의 반응은 복잡하지 않고 단순했다. 그는 군더더기의 말은 조금도 하지 않으셨다. "리키, 생선을 먹기 전에는 식탁에서 일어서지 마라." 아버지에게서 그 말을 들은 게 저녁 6시였다. 아버지가 정리를 모두 마치고 텔레비전 앞으로 자리를 옮길 때까지도 나는 식탁 앞에 앉아 있었다. 생선을 먹지 않을 생각이었다. 밤 10시쯤 됐을 때 마침내 나는 용기를 내 식탁 의자에서 일어났다. 그리고 거실로 걸어가 이제 그만 방으로 가도 되겠냐고 물었다. 아버지는 생선을 먹었냐고 물었고, 나는 몇 조각 먹었다고 대답했다. 그런 후에야 나는 '식탁 감옥'에서 풀려날 수 있었다.

여기서 강조하고 싶은 점은, 아버지는 이랬다저랬다 하는 사람이 아니었다는 사실이다. 그는 돌려 말하지 않았고, 한번 내뱉은 말은 번복하지 않았다. 그리고 진심이 아닌 말은 아예 하지 않았다. 뭔가를 하겠다고 말하면, 반드시 했다. 옳은 일이든 그른 일이든, 사람들이 좋아하든 싫어하든 말이다.

당신 곁에도 단단하기가 바위 같은 사람이 있는가? 속에 없는 말은 하지 않고, 말한 것은 진심을 다해 지키는 그런 사람이 있는가? 요즘에는 그런 사람을 찾아보기 힘들지만, 그렇다고 해서 아예 없는 것은 아니다. 만약 그런 사람이 주위에 있다면 누구든 그에게 일을 맡기고 싶어 할 거라고 확신한다. 기업은 그런 인재를 채용하고 싶어 하고, 산업 박람회나 중요한 회의가 있다면 그를 대표로 내보내려 할 것이다. 그런 사람은 모두가 찾는 의사이며, 모두가 존경하는 교사이며, 모두가 믿고 의지하는 시민이다. 그런 학생은 제시간에 과제를 완수하고, 그런 직원은 퇴근 시간을 늦추어서라도 하던 일을 마무리 짓는다. 그들은 매우 중요한 한 가지 이유로 리더의 역할을 잘 해낼 수 있는 사람들이다. 바로 진실성이다. 그들은 말과 행동이 일치하고 일관성이 있다는 얘기다. 나의 아버지 로저 릭스비는 진실성 그 자체였다.

아내의 관 앞에 섰던 그 끔찍한 9월의 오후, 나는 혼자가 아니었다. 가족들과 친구들이 나와 두 아들 옆에서 함께 슬퍼하며 곁을 지켜주었다. 하지만 누구보다도 내게 큰 힘이 되어준 사람은 아버지였다. 내가 가장 힘든 순간에 그리고 가장 행복한 순간에 아버지는 늘 내 옆에 계셨다. 절망스럽던 그 가을 오후에도 아버지는 그곳에 계셨다. 평소에도 속마음을 잘 드러내지 않았지만, 그날은 평소보다 더 말이 없으셨다. 그러나 윈스턴 처칠Winston Churchill의 신봉자답게 몇 마디 명료하고 의미 깊은 말을 건네며 나를 위로하셨다. 그리고 그 말은 평생 기억될 소중한 교훈이 되었다. 지금부터 나의 아버지, 초등학교 3학년 중퇴자로부터 배운 교훈을 소개하려 한다.

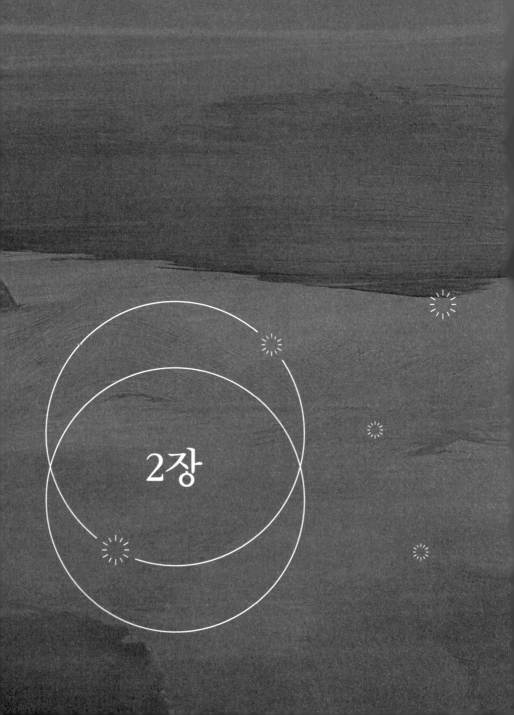

2장

친절한 행동에는
힘이 있다

The Old Wisdom

어떤 사람이 되고 싶은가

빌리 크리스탈Billy Crystal이 주연을 맡아 뛰어난 연기를 펼친 영화 「토요일 밤의 남자Mr. Saturday Night」는 '버디 영 주니어Buddy Young, Jr'라는 유대계 코미디언에 관한 이야기다. 버디는 예리한 풍자 코미디로 많은 사람에게 웃음을 선사하는 가상의 인물이다. 영화는 전형적인 일요일 저녁, 가족끼리 식사를 마치고 거실에 모인 장면에서 시작된다. 버디와 형 스탠Stan이 가족들 앞에 나와 우스갯소리를 하자, 모두가 큰 소리로 웃으며 즐거워한다. 버디는 지역 장기자랑 대회에서 상을 받은 후, 클럽과 만찬 행사 등에서 줄줄이 출연 요청을 받고 나중에는 텔레비전 방송에도 나가게 된다. 스탠이 매니저가 되어 스케줄을 관리하는 가운데, 버디는 '토요일 밤의 남자'라는 별명을 얻으며 승승장구한다. 그렇게 그는 세상에서 가장 유명한 코미디언이 되겠다는 어린 시절의 꿈에 점점 가까이 다가가고 있었다. 그런데 딱 한 가지 작은 문제가 있었으니, 그것은 바로 그의 까칠한 성격이었다.

버디는 무례한 성격을 웃음으로 완벽하게 승화하지만, 남을 배려하지 않는 그의 성격은 결국 꿈을 악몽으로 바꾸고 만다. 그는 유명 연예인으로서 자신의 삶을 제대로 즐기지 못한다. 말년에는 주변 사람들과 사이가 멀어지고, 재능은 다 사라지고, 남의 탓만 하며 매우 비참한 삶을 산다. 계속 잘나갈 것만 같던 경력이 슬프게 막을 내린 후에도 버디는 가방을 끌며 여전히 길 위에 서 있다. 피곤하고 외롭고 냉소적인 이 늙은 남자는 이제 텔레비전 방송, 고급 유람선, 유명 리조트가 아니라, 양로원이나 노인복지관 같은 곳에서 몇 안 되는 관객을 상대로 공연을 한다.

분명 우리 주변에서도 영화 속 버디처럼 친절하지 못한 태도 때문에 사회생활에서 문제를 겪는 사람을 심심치 않게 볼 수 있다. 혹시 다른 사람을 배려하지 못해서 인간관계를 망친 적이 없는지 생각해보라. 그런 태도 탓에 인생의 밑바닥에 꼼짝없이 갇혔다는 느낌을 받은 적이 없는지도 돌이켜보라. 더 높이 올라가지 못하고 한곳에 정체되어 있다는 기분을 느낀 적이 있거나, 승진할 때가 됐는데도 번번이 미끄러지지는 않는지 말이다. 그렇지 않다면 혹시 조직에서 높은 지위를 차지하고 있는데도 만족스럽지 못할 때가 많은가? 지금의 위치에서 성취감을 느끼지 못하는가? 높은 직책을 맡고 세련된 디자인의 명함을 갖고서도 스스로 부족하다는 생각 때문에 그 자리가 불편하게 느껴지는가? 어느 날 문득 그냥 되는대로 살고 있는 자신을 발견하게 된 사람도 있을 것이다. 이도 저도 아닌 중간 위치에서 꼼짝 못 하고 있거나, 설상가상 아래로 추락하는 상태에 있는 경우다. 이제 스스로에게 물어보라. 다른 사람이 내 꿈을 이루며 사는 모습을 보고 있는가? 계절이 바뀌고 시간이 흘러가는 것을 그냥 멍하니 보고만 있지는 않는가?

　여러분은 이미 마음으로 알고 있다. 훈련을 더 받는 것은 문제를 해결하기 위한 방법이 아니라는 것을 말이다. 우리에게 필요한 건 기술적인 능력의 발전이 아니다. 우리는 최고의 교육을 받고, 세상의 모든 기술을 습득하고, 풍부한 지식을 자기 것으로 만들 수 있다. 하지만 그래도 여전히 이력서에는 부적격 낙인이 찍히고, 삶은 만족스럽지 못하다고 규정되고, 꿈은 실현되지 못한 상태로 남는다. 자, 이런 상황에서 귀가 번쩍 뜨일 만한 소식이 있다. 풍요롭고 완전한 삶을 향한 우리의 숭고한 여정은, 단지 친절한 사람이 되겠다고 마음먹는 순간부터 자기도 모르게 시작된다는 사실이다.

친절한 행동은 결코 헛되지 않다

어린 시절 나와 내 형제는 이 말을 수천 번도 넘게 들었을 것이다. 아버지는 여러 가지 규칙을 강요하거나 말을 많이 하시는 분이 아니었다. 그랬기에 아버지가 어떤 말을 매일, 매달, 매해 반복한다는 건 그게 정말 중요하다는 뜻이었고, 우리는 이를 바로 알아차렸다. 아비지는 낮에는 물론이고, 저녁 식사 전 『성경』 구절을 함께 읽을 때도 이 말을 늘 강조하셨다. 식사하기 전, 아버지는 항상 「로마서」 2장 6절에서 7절까지의 구절을 낭독한 뒤 "친절한 행동은 결코 헛되지 않다"라는 말을 덧붙이곤 하셨다.

아버지가 친절한 태도를 얼마나 가치 있게 여겼는가를 가만히 되짚어보면, 그 말이 주는 영향력은 꽤 심금을 울리는 데가 있다. 아버지에게 친절이란 그냥 말로 하고 마는 그런 것이 아니었다. 삶의 방식이었다. 아버지의 제일 어린 동생인 에드워드 삼촌은 아버지에 대해 이렇게 말했다.

로저 형은 우리 형제 중에서도 항상 제일 부드러운 사람이 되려고 유별나게 노력을 많이 했어. 아이인데도 뭔가 남다른 데가 있었다니까. 그렇게 어린 나이에는 남을 배려하는 모습 같은 건 찾아보기 힘든 게 보통인데 말이야. 어른이 되었을 때도 형은 친절의 대명사 같은 사람이었어. 항상 자기보다 가족과 친구를 우선시했지. 세상에서 가족보다 소중한 건 없는 것처럼 굴었어. 형은 누구보다 따뜻한 사람이야. 그런 형의 모습이 워낙 감동적이어서 지금까지도 내게 큰 영향을 주고 있어.

'베이비 레이Baby Ray'라는 애칭으로 불리던 에드워드 삼촌은 공부를 많이 해 대학에서 학사와 석사 학위를 받았다. 그리고 학교에서 학생들을 가르치며 교감 자리에 올랐고, 미식축구팀 코치로 선수들을 지도했고, 휴스턴 지역 서너 곳의 학교에서 근무하며 훌륭한 경력을 쌓았다. 그는 자신에게 가장 큰 자극을 준 사람으로 형 로저 릭스비를 꼽는다.

아버지의 여동생이자 나의 고모인 오펄 역시 자기 오빠가 얼마나 자상한 사람인지에 대해 자세히 이야기했다. 고모의 칭찬은 한번 시작되자 그칠 줄 모르고 계속 이어졌다.

리키, 네 아버지는 정말 세심하고 정이 깊은 사람이야. 어렸을 때도 그는 정의의 사도 같아서 마음껏 의지하고 기댈 수 있었어. 내게 늘 다정하게 대해줬지. 나뿐 아니라 가족 모두에게 다 잘해 줬어. 이 세상에 네 아버지만큼 착하고 친절한 사람은 그리 많지 않을 거야.

아버지의 친절한 태도는 옆에서 그의 삶을 지켜본 사람들에게 깊은 인상을 주었다. 오늘날 우리가 좀 더 친절한 사람이 된다면 삶의 모습은 얼마나 달라질까? 배우자에게 무례하게 굴지 않고 다정하게 대한다면 결혼생활은 어떻게 달라질까? 회사 직원들과 동료들을 좀 더 관대하게 대하고 세심하게 살핀다면 리더십에 어떤 변화가 생길까? 한마디로 우리가 더 친절해진다면, 그런 태도가 주위 사람들에게 어떤 영향을 미칠까?

친절의 상호주의 원칙

친절한 행동은 우리 삶을 어떻게 고양할까? 친절이 우리 사회에 미치는 영향에 관해 이야기하기 전에, 개인의 선한 행동이 다른 사람의 마음과 영혼을 어떻게 움직일 수 있는가에 대해 먼저 이야기해보려 한다. 우리 삶에는 '상호주의 원칙'이라는 것이 작용한다. 우리가 다른 사람에게 친절을 더 많이 베풀면 베풀수록 더 많이 돌려받는다는 뜻이다. 아버지는 초등학교 중퇴라는 학력을 가지고 있었지만, 상호주의 원칙이 어떻게 작용하는지 잘 이해하고 계셨다. 그는 늘 말씀하셨다. "아들아, 친절한 행동은 어떤 식으로든 자신에게 돌아오게 돼 있단다."

아버지의 말씀처럼 친절한 행동은 우리 영혼의 금고에 저장된다. 놀랍고 신기하게도, 친절을 베풀면 베풀수록 우리 삶은 더욱 충만해진다. 『성경』 말씀에도 주는 것이 받는 것보다 더 복되다고 하지 않았는가? 요즘 현실에서는 그런 모습을 보기가 어렵다는 것을 알고 있다. 하지만 베풂을 삶의 방식으로 실천하는 사람의 인생을 자세히 들여다보면, 그런 사람치고 부유하지 않은 사람은 거의 없다는 사실을 깨닫게 될 것이다.

대표적인 사례로, 패스트푸드 체인점 칙필레Chickfil-A®의 창업주인 트루엣 캐시Truett Cathy를 들 수 있다. 캐시는 간단한 치킨 샌드위치를 가지고 연간 약 38억 달러의 매출을 올리는 기업을 일궈냈다. 저널리스트 짐 브래햄Jim Braham은 「비즈니스의 영적인 측면The Spiritual Side」
이라는 제목의 기사에서, 신의 뜻을 따르는 경건한 원칙이 사업에
어떤 식으로 도움을 주는가에 대해 논한 적이 있다. 그의 분석에 따
르면, 캐시가 성공할 수 있었던 핵심 요인은 다름 아닌 친절한 행동
과 베푸는 삶의 태도였다.

얼마 전 아내 자넷과 50번째 결혼기념일을 맞은 캐시는 회사
경영에 여전히 참여할 뿐 아니라, 여러 가지 봉사 활동 및 자선
사업도 왕성하게 벌이고 있다. 지난 45년간 그는 주일 학교 선
생님으로 13세의 소년들을 줄곧 가르쳐왔다. 그리고 회사에서
운영하는 열한 개의 아동 보호 시설을 통해 100명이 넘는, 불우
하거나 문제가 있는 환경의 아이들이 더 나은 삶을 시작할 수 있
도록 돕고 있다. 캐시는 이렇게 말했다. "삶의 가장 큰 기쁨은 베
푸는 기쁨이에요. 이 아이들이 훌륭한 어른으로 자라는 모습을
지켜보는 일은 돈으로 살 수 없는 놀라운 경험이죠."[1]

나의 아버지는 돈이나 재산 같은 물질적인 측면에서 보면 가진
것이 적었지만, 삶 전체를 통틀어 보면 절대 가난하지 않았다. 내가

---

1   《인더스트리 위크Industry Week》, 1999년 2월 1일. https://www.industryweek.com/leadership/
companies-executives/article/21945000/the-spiritual-side, 2004년 12월 21일 재게재

그렇게 생각한 이유는 아버지가 평생에 걸쳐 사람들에게 베푼 친절 때문이었다. 아버지의 장례식 때, 캘리포니아 주 발레이오의 착한 사마리아인 선교 침례교회에 계셨던 캘빈 밀러Calvin Miller 목사님은 아버지와의 일화를 소개했다. 목사님이 위험에 빠진 어떤 가족을 돕기 위해 급히 미국을 횡단해야 했는데, 그때 아버지가 주유할 때 사용하라며 신용카드를 내밀었다는 얘기였다. 아무 조건 없이 말이다. 밀러 목사님의 이야기를 듣고, 나는 역시 아버지답다는 생각을 했었다. 자신이 가진 것과 가지지 못한 것을 따지지 말고 상대에게 꼭 필요한 것을 주어라. 그게 아버지의 철학이었다. 우리는 가진 게 별로 없었다. 하지만 욕심 없는 친절한 행동을 하며 아버지는 자신이 가진 것을 내주었고, 그렇게 다른 사람을 도왔다.

어쩌면 가장 절실한 필요를 충족시켜주고 기회를 잡게 해술 해답은 우리가 하는 선한 행동에 있는지도 모른다. 친절을 베푸는 선한 행동이 우리에게 더 큰 기회의 문을 열어줄 열쇠가 될 수도 있는 것이다.

여러분 중에는 아버지나 어머니가 친절을 실천하는 모습을 별로 본 적이 없는 사람도 있을 것이다. 그런 사람이라면 남을 돕고 배려하는 방법을 배우기 위해 약간의 도움이 필요할지도 모르겠다. 사람들에게 오로지 친절한 행동을 장려하고 지역 사회에 봉사할 기회를 알려주기 위한 목적으로 만들어진 단체가 있다. 랜덤 액츠 오브 카인드니스Random Acts of Kindness는 재단 설립 취지에 대해 "사람들에게 친

절을 실천하도록 영감을 불어넣고, 그 정신을 주위에 널리 퍼트리기 위해"라고 설명한다.[2]

근본적인 차원에서, 우리는 친절한 행동을 했을 때 자신을 더 괜찮은 사람이라고 믿게 되고 기분도 좋아진다. 친절은 우리에게 힘을 준다. 영혼 속에 감춰져 있던 긍정적인 에너지를 마구 폭발하게 한다. 이렇게 다른 사람에게 친절하게 대하면 최소한 긍정적인 마음을 유지할 수 있다. 상냥한 사람이 되기로 선택하면 먼저 태도가 변하기 때문이다.

사실 이런 마음가짐은 자신에게 없어서는 안 될 가치를 만들어내는 일이기도 하다. 다른 사람을 응원하고, 다정하고 예의 바르게 대하겠다고 결심하고, 친절한 마음을 표현해보라. 그러면 당신이 속한 회사 조직, 교회 조직, 팀 전체가 보상을 받게 될 것이다. 우리는 스스로가 그런 환경에 있다는 걸 알게 되면, 더 많을 것을 성취하고 더 많이 성장하고 싶어 한다. 이처럼 모든 개개인이 성공할 수 있는 바탕에는 친절이 깔려 있다. 앨버트 아인슈타인Albert Einstein은 이런 말을 한 적이 있다.

내가 나아갈 길을 밝혀주고 매번 삶을 기분 좋게 마주할 수 있

---

2   랜덤 액츠 오브 카인드니스 재단에 대한 자세한 정보는 www.randomactsofkindness.org에서 알 수 있다.

도록 새로운 용기를 주었던 아이디어는 친절한 마음과 아름다움, 보편적 진리였다. 사람들이 얻으려고 애쓰는 부와 재산, 눈에 보이는 성공과 호화로운 생활 같은 진부한 주제가 내게는 항상 하찮게 느껴졌다.[3]

친절은 자존감을 높여준다. 우리가 여러 면에서 평범한 수준에 머물러 있는 이유는 스스로를 최고의 경지에 오를 수 있는 능력자로 보지 못하기 때문이다. 친절을 베풀면 우리는 자신을 좋은 사람으로 보게 된다. 자연히 스스로를 좋아하게 되고 자신감도 커지기 시작한다. 이런 변화로 인생관과 세계관이 향상되고, 개인적인 일을 할 때도 직업과 관련된 일을 할 때도 긍정적인 에너지가 흐르는 것을 경험하게 된다. 그러면 균형감과 통찰력이 있는 긍정적인 사고를 하게 되고, 만나는 모든 이를 진정한 선의로 대하는 쾌활한 사람이 되려는 의지가 더욱 확고해진다. 친절의 힘은 이렇게 우리의 삶을 변화시킨다.

잠시만 스스로에게 이런 질문을 던져보라. 친절한 사람이 되면 삶의 질이 어떻게 달라질까? 일상에서 작은 친절부터 실천해보자. 선의의 행동은 적어도 다음과 같은 부분에서 극적인 변화를 가져올

---

3   「내가 본 세상The World as I See It」, 《포럼 앤드 센츄리Forum and Century》 제84권, 193~194쪽

잠재력을 가지고 있다.

- 기쁨이 넘치는 태도
- 긍정적인 세계관
- 평화로운 심리 상태
- 즐거운 생각
- 친절한 말
- 남을 도우려는 마음

긍정적인 친절의 힘으로 세계관이 변화할 때 사람은 자신을 유익하고, 쓸모 있고, 가치 있는 사람이라고 여기기 시작한다. 그리고 인류에 이바지하고 더 숭고한 대의를 위해 움직이게 된다. 방금 설명한 그런 특징은 현대 사회의 구성원들이 자신을 보는 관점과는 거리가 멀다. 친절한 행동은, 불평하고 투덜거리고 냉소적이고 자기 생각밖에 할 줄 모르는 사람을 다른 마음가짐, 다른 생활 방식, 다른 말하기 방식을 가진 사람으로 바꿔놓을 수 있다. 한때는 회사에 불만이 가득했던 사람이 친절한 행동의 비밀을 발견한 뒤, 다음과 같은 사람으로 바뀌었다면 어떨까?

나는 정말로 가치 있고, 이 회사에 꼭 필요한 사람이다. 내 삶은 정말 보람 있고 내 말에는 중요한 의미가 담겨 있다. 우리는 예산을 삭감당했고 가진 재원은 최신식이 아니다. 또 경영진의 요구는 현실적이지 못하고, 교회 신도들은 계속해서 우리의 결정을 비판하고 있다. 하지만 나는 경영진과 내 계약 조건에 관해 다시 협상을 했고, 이 조직을 위해 정말로 중요하고 의미 있고 가치 있는 뭔가에 기여한다고 믿으며 말할 수 없이 뿌듯한 성취감을 느끼고 있다.

사람은 마음 깊은 곳에 있는 안전에 대한 욕구가 어느 정도 충족되고 나면, 한층 더 의미 있는 차원의 존재 목표를 찾게 된다. 그럴 때 우리의 역할은 단순히 업무를 완수하는 데서 그치지 않고, 조직의 정신과 선의에 기여하는 수준까지 확장된다. 일반 기업체, 자원봉사 기관, 교회, 집에서도 마찬가지다. 대학 수준의 대인 커뮤니케이션 수업을 들으면 반드시 매슬로의 욕구 단계 이론[4]에 대해 배우게 된다. 심리학자인 에이브러햄 매슬로Abraham Maslow는 인간의 욕구를 다섯 가지 단계로 나눌 수 있다고 주장하면서, 생리적 욕구 다음으로 기본적인 욕구가 안전의 욕구라고 설명했다. 사람은 누구나 자

---

4   에이브러햄 매슬로의 욕구 단계 이론은 심리학과 사회학 분야의 논문뿐 아니라 조직 커뮤니케이션, 대인 커뮤니케이션, 소집단 커뮤니케이션을 포함한 여러 학과목의 교재에 자주 등장한다. 인간의 욕구에 관한 매슬로의 이론을 대략적으로 알아보고 싶다면 아들러Adler, 로젠펠드Rosenfeld, 프록터Proctor가 공동집필한 『상호작용: 대인 커뮤니케이션의 과정Interplay: The Process of Interpersonal Communication』(10판. 옥스퍼드 대학출판부, 2006) 같은 커뮤니케이션 기초 교재를 찾아보라.

신의 건강과 안녕을 유지하고 싶어 하는데, 그런 바람이 바로 안전의 욕구다.

사람이 안전하다고 느끼는 것은 정말 중요하다. 현재 자신의 상태에 만족하면 남에게 무례하거나 추하게 굴 이유도 없어지기 때문이다. 또한 자기 가치를 증명하기 위해 에너지를 낭비하는 대신, 남을 돕고 배려하는 데 힘을 쏟을 수 있다. 나의 아버지는 정말 친절한 사람이었다. 아버지의 삶에서 드러난 겸손도 친절한 마음에서 비롯되었다고 나는 생각한다. 인기 강연자이자 작가인 제임스 라일_{James Ryle}은 이렇게 말했다. "겸손은 곧 자신에 대한 믿음이며, 이는 신이 주신 능력이다. 자신에 대한 믿음이 있으면 자신의 존재 가치와 자기가 하는 행동의 정당성을 증명해 보이려는 욕심도 사라진다." 이 말은 친절한 행동과 겸손한 태도의 연관성 그리고 그 바탕에 깔린 안정감을 잘 설명해준다.

친절은 에너지에 불을 붙인다. 그 에너지에는 우리의 삶을 변화시키는 힘이 있다. 웨인 다이어_{Wayne Dyer}는 자신의 저서 『의도의 힘』에서 친절의 힘을 보여주는 사례들을 소개했다. 여기서 잠깐 그 내용을 살펴보고, 친절한 행동이 우리 삶에 어떤 변화를 만들어내는지 생각해보자.

친절한 행동은 인간의 면역 체계에 긍정적인 영향을 미치며, 뇌에서 생성되는 세로토닌의 양을 증가시킨다. 이런 사실은 이미 여러 연구를 통해 증명되었다. 세로토닌은 사람의 몸에서 자연스럽게 합성되는 물질로, 그 분비가 증가하면 우리는 안정되고 편안하다는 느낌을 받고 더없이 행복하다는 기분을 느낀다. 사실 우울증 치료제 대부분이 화학적으로 세로토닌의 생성을 자극하여 우울감을 완화하는 작용을 한다. 연구에 의하면, 친절에서 비롯된 사소한 행동 하나는 또 다른 친절로 이어진다. 그리고 이런 과정에서 친절을 베푼 사람과 그 수혜자 모두에게서 면역 체계 기능의 향상과 세로토닌 생성의 증가가 확인된다. 더욱더 놀라운 것은 누군가의 친절한 행동을 옆에서 관찰한 사람에게서까지 비슷하게 유익한 결과가 나타났다는 점이다.[5]

예로부터 현자들은 남을 돕고 베푸는 일이 정신을 이롭게 한다며 친절을 상조해왔는데, 의학적인 연구가 그들의 가르침이 사실임을 확인시켜준 셈이다. 친절한 행동을 단지 관찰했을 뿐인데도 더 평화롭고 긍정적이고 생산적인 생활 방식을 얻을 수 있다니, 얼마나 놀라운 일인가! 초등학교를 중퇴한 아버지는 심리학 수업을 들어본 적도, 논문을 써본 적도, 환자를 치료해본 적도 없었다. 하지만 친절한 행동이 사람의 세계관, 건강, 삶의 활력에 어떻게 도움을 주는지

5   웨인 다이어, 한정석 옮김, 『의도의 힘: 의도에 따라 꿈을 이루는 법The Power of Intention: Learning to Co-create Your World Your Way』, 21세기북스, 2008

똑똑히 이해하고 있었다. 친절한 행동은 결코 헛되지 않다는 그의 말은 사실이었다.

이쯤에서 우리의 일과 사회생활에 관해서도 한번 생각해보자. 친절한 태도가 경력에도 도움이 될까? 친절을 통해 직장과 관련한 인간관계의 질도 향상시킬 수 있을까?

일단 남을 배려하는 행동을 한다고 우리가 조금이라도 잃는 것은 없다. 아버지는 자주 이렇게 말씀하셨다. "친절한 행동에는 돈이 들지 않는다." 우선 다음과 같은 친절한 행동들을 실천해보자. 그러면 당신의 경력과 사회적 인간관계에도 변화가 찾아올 것이다.

- "나는"이라는 말 대신 "고맙다"라고 말한다.
- "네, 고마워요" 또는 "고맙지만 괜찮아요"라고 말한다.
- 문 앞에서 다른 사람이 먼저 들어가게 기다린다.
- 다른 사람을 위해 문을 열어준다.
- 내 얘기를 줄이고 상대방의 말을 더 많이 듣는다.
- 교통수단이나 엘리베이터에 탈 때 다른 사람에게 순서를 양보한다.
- 사람들을 도와준다.
- 주변 사람들을 격려하고 응원한다.
- 다른 사람에게 웃는 얼굴을 보인다.
- 보상을 기대하기 어려운 사람에게도 친절을 베푼다.

앞의 항목들을 실천하는 동안 무례한 태도, 회의적인 마음, 자기만 생각하는 이기심이 점점 줄어들 것이다. 이뿐만 아니라, 기쁨과 행복으로 기운이 넘쳐서 업무의 생산성이 높아지고, 덤으로 지속적인 성취감까지 느끼게 될 것이다. 이는 전혀 놀랄 일이 아니다.

비록 남을 돕는 과정이 수고롭긴 해도, 친절한 행동을 하고 나면 기분이 좋아진다. 친절이 가진 이런 효과가 자기만 생각하는 보통의 사람을 활기에 넘쳐 기대 이상의 성과를 내는 능력자로 변화시킬 수 있다. 사람들은 어떤 종류의 상사를 선호할까? 특히 스스로가 너그럽지 못하거나 배려심이 없다는 평가를 받고, 직원들에게도 큰 기대를 하지 않는 상관이라면 이 이야기를 새겨들어야 할 것이다. 그런 상관 밑의 부하 직원들이 최소한의 노력만 기울이고 매우 작은 성과를 내는 것은 어쩌면 당연하다. 하지만 당신이 친절한 생활 방식을 선택하고 실천한다면, 삶과 업무 환경에 긍정적인 에너지가 넘치게 되고 열정이 주위로 전염될 것이다.

요즘 사람들은 "고맙다"라는 간단한 말을 잘 하지 않는다. 내 말이 믿기지 않는다면 공공 기관 아무 곳이나 가서 사람들이 고맙다는 말을 몇 번이나 하는지 횟수를 세어보자. 다른 사람을 돕는 사람을 보면 그 횟수도 세어보자. 누군가 상대방을 격려하거나 도움이 되는 말을 하는지도 들어보자. '당연한 예의'가 얼마나 당연하게 지켜지지 않고 있는지 눈으로 확인한다면 당신은 충격을 받을지도 모른다.

이런 사회 분위기를 관찰하기 좋은 또 다른 장소는 공항 체크인

카운터다. 사실 친절한 마음을 표현하는 일에 관해서라면, 공항은 거대한 불모지처럼 보이기까지 한다. 과학적으로 통계를 낸 것은 아니지만, 아메리칸 항공American Airlines에서 탑승 수속을 담당하는 한 직원을 만난 후 이 생각은 더욱 확고해졌다. 캘리포니아 산호세에서 근무하는 그 직원은 승객에게서 "고맙다"라는 말을 듣는 경우가 거의 없다고 했다. 그뿐 아니라 자기만 생각하며 비열한 행동을 하고, 비행기 결함이나 기상 악화로 인해 출발이 지연되면 카운터 직원에게 화풀이를 하는 사람이 점점 많아진다고 했다. 여러분도 공항에 갈 기회가 있다면 사람들이 얼마나 무례하게 구는지 한번 살펴보시라. 하기야 굳이 공항까지 가지 않고 운전 중 도로에서 차선만 바꿔보아도 내 말이 무슨 뜻인지 단번에 알 수 있을 것이다.

『성경』에도 자주 언급되는 친절은 현실적이며 현명한 태도다. 친절한 사람만이 괜찮은 사람이라는 평판을 얻는다. 다른 사람에게 친절을 베풀 때 우리는 그날의 가장 기쁜 일을 경험하게 된다. 다른 사람에게 길을 양보하는 데 걸리는 시간은 기껏해야 5초 정도지만, 우리의 하루에는 다섯 배가 넘는 에너지가 생길 것이다. 어느 쪽이 남는 장사인지는 뻔하지 않은가?

친절은 여러 형태로 나타난다. 예를 들어, 다른 사람과 이야기를 나눌 때, 어조는 말의 내용보다 말하는 사람에 대해 더 많은 것을 드러내기도 한다. 윗사람에게서 단호하지만 친절한 어조로 꾸중을 들어본 적이 있는가? 반대로, 욕설이나 나쁜 말을 하진 않으면서도 굉장히 모욕적이고 기를 꺾는 말투를 쓰는 누군가에게 조롱당해본 적이 있는가? 친절하고 상냥한 어조로 말을 하면 분노가 사라지고, 분위기가 좋아지고, 사람과의 관계도 긍정적으로 변화한다.

또한 듣는 태도를 통해서도 친절을 표현할 수 있다. 누군가의 말에 적극적으로 귀를 기울이고, 눈을 들여다보면서 중요한 내용을 의식적으로 기억하면 되는 것이다. 일반적인 어른의 주의력 지속 시간은 15초 정도인데, 이렇게 하면 15초가 넘게 걸릴 수도 있다. 하지만 이런 방식으로 다른 사람의 말을 경청하면 상대방은 소중한 사람으로 존중받고 대접받았다고 느끼게 된다. 우리는 낮 동안 수많은 사람과 긴 대화를 나누지만, 밤이 되면 정작 그들의 이름조차 기억하지 못할 때가 많다. 공항과 슈퍼마켓에서 다른 사람을 돕다 보면 몇 분이 지체될 수 있다. 그러나 도움을 받은 사람은 몇 주 동인 두고두고 당신에 대해 말할지도 모른다. 물론, 당장 돌아오는 혜택도 무시할 수 없다. 미소 띤 얼굴과 격려, 응원의 말은 1950년대 텔레비전 드라마에서만 볼 수 있는 것이 아니다. 사람을 미소로 대하기 위해 노력해보라. 한 번 웃는 것보다 계속 얼굴을 찌푸리고 있는 것이 더 어렵다. 지금 당장 웃어보라. 그렇게만 해도 자기 자신에 대한 생각이 훨씬 긍정적으로 바뀌기 시작할 것이다. 아이들이 기쁨으로 가득한 이유도 잘 웃기 때문이다.

한 주 동안만 상냥한 어투로 배려의 말을 해보면 어떨까? 다른 사람의 말이 끝나기도 전에 내 이야기를 쏟아놓지 말고, 그의 말을 끝까지 들으려고 노력해보라. 이 새로운 화술의 힘을 알고 놀라게 될 것이다. 프랑스의 여류 작가 조르주 상드George Sand는 이런 말을 했다. "우리 안의 보물, 친절을 잘 간직하라. 주저 없이 내어주고, 후회 없이 지고, 비열하지 않게 얻는 방법을 배워라."

친절의 대상은 모든 사람이다. 우리는 모두 신의 창조물이다. 가장 어리고 약한 사람에게도 상냥하게 대하는 모습은 조물주의 마음에도 쏙 들 것이다. 우리 사회는 친절을 실천하는 사람을 간절히 필요로 한다. 일단 리더들이 친절의 힘을 경험한다면, 그들이 이끄는 조직과 기업은 이전과는 전혀 다른 모습이 될 것이다. 직원을 감시하고 실수를 찾아내 벌하는 문화를 만들기보다, 직원에게 자율권을 주고 의견에 힘을 실어주는 건 어떨까? 실수를 징계하는 분위기는 숨 막히고 답답한 기업 문화를 만든다. 그런 경영 방침을 가진 기업에서는 오로지 월급과 주차 공간 때문에 회사에 나오는 직원만 생겨날 뿐이다. 평가가 있다면 당연히 칭찬과 포상도 있어야 한다. 리더들은 평소 사소한 일에 관해서도 친절하게 행동할 수 있도록 노력해야 한다. 조직의 구성원들은 말, 복장, 사는 곳 따위로 성공을 흉내 내어 좋은 이미지를 남길 생각은 접어두고, 친절한 행동으로 주변 사람들에게 더 좋은 영향을 미치는 일에 집중해야 한다. 상대를 배려하는 작은 행동 하나가 경력을 발전시키고, 관계를 변화시키고, 누군가에게 평생 영향을 주기도 한다. 꽤 여러 해 전 일이지만 나는 아버지가 베푼 작은 친절을 지금도 잊지 못한다.

그때 나는 대학원생이었고, 결혼해서 두 아이를 키우고 있었다. 늘 시간에 쫓겼고 생활비가 부족했다. 갑자기 자동차가 고장 나 시동이 걸리지 않았지만, 차를 정비소에 맡길 돈도 없었다. 버스를 타고 학교에 갔고, 어딘가 갈 일이 생기면 다른 사람에게 차를 태워달라고 부탁하거나 걸어 다녔다. 그러다 결국에는 부모님께 도움을 요청했다. 어머니는 내 얘기를 들으시자마자, 오리건 주 유진에서 캘리포니아 주 마르티네즈까지 가는 편도 기차표를 사주셨다. 그리고 집에서 쓰는 차 하나를 빌려줄 테니 가져가 사정이 나아질 때까지 쓰라며, 아무 걱정 말라고 하셨다. 그 정도만으로도 나는 충분히 감사했다. 하지만 이야기는 여기서 끝나지 않는다.

아버지는 최신형 올즈모빌[6]과 구식 캐딜락을 가지고 계셨다. 두 대 모두 달리는 데는 전혀 문제가 없었지만, 캐딜락은 야간 언식이 오래되어 외관이 그리 좋지는 않았다. 나는 당연히 캐딜락을 타게 될 거라고 생각했고, 솔직히 굴러가는 차가 생겼다는 사실만으로도 매우 기뻐하던 참이었다. 하지만 아버지는 올즈모빌의 열쇠를 건네셨고, 나는 너무 놀라서 눈물까지 핑 돌아 말했다. "아버지, 더 좋은 차를 가져갈 순 없어요." 그러자 아버지는 말씀하셨다. "안 좋은 차를 내줄 생각은 애초에 없었단다."

---

6   2004년에 단종된 GM의 자동차 브랜드—옮긴이

아버지가 하신 행동이나 말씀이 모두에게 영웅적이고 굉장한 것은 아닐지 모른다. 확실히 신문에 대서특필되거나 지역 방송에 나올 만한 뉴스거리는 아니다. 하지만 배려가 담긴 이 작은 행동이 내게는 정말 강력하게 느껴져서 내가 우리 아이들을 대하는 태도에도 그대로 영향을 미쳤다. 아버지는 단순히 차 한 대를 빌려준 것이 아니라, 중요한 원칙 하나를 가르쳐주신 것이다. "항상 최선을 다해 친절을 베풀어라. 네가 가진 가장 좋은 것을 내주라는 뜻이다."

1988년 그해, 아버지는 내게 88년식 올즈모빌 델타를 빌려주셨다. 나는 오리건 대학교 대학원에서 남은 학기를 모두 마칠 때까지 그 차를 몰고 다녔다. 그 차를 탄 건 불과 2년밖에 되지 않지만, 그때 배운 교훈은 가슴속에 영원히 남을 것이다. 절대적인 친절과 배려심으로 아내, 아이들, 가족들, 친구들을 대하는 일은 매우 중요하다. 그러기 위해 때로는 나를 희생해야 할 때도 있는데, 이건 오늘날 우리 사회에서는 정말 드문 일이다.

돌이켜 생각해보면, 물질적인 면을 제외한 모든 면에서 나의 부모님은 아주 부유했다. 늘 사랑하는 가족들과 좋은 친구들에게 둘러싸여 충만한 삶을 사셨다. 또 생이 다하는 날까지 베풀며 사셨다. 누구라도 도움이 필요한 사람에게는 아낌없이 주셨다. 어린 시절, 일요일 저녁에 우리 가족들끼리만 식사를 했던 적은 거의 없었다. 부모님은 신의 가호를 빌어줄 누군가를, 경제적으로 도움이 필요한 누군가를, 친절하고 상냥한 말이 절실한 누군가를 늘 찾아내셨다. 금

전적으로 여유가 있고 없고는 문제가 되지 않았다. 인종이나 국적도 중요하지 않았다. 두 분은 친절을 베푸는 일에 인종을 구분하지 않으셨다. 여러분의 인생에도 이런 사람이 있는가? 그렇다면 그들이 만들어낸 영향력, 그들이 남긴 유산을 가슴 깊이 새기길 권한다.

아버지는 당신의 작은 친절이 얼마나 큰 영향을 주었는지 모르실 것이다. 아버지는 내게 진정한 스승이었다. 아무것도 가르치지 않을 때조차 항상 무언가를 가르쳐주셨다.

친절한 행동은 어떤 영향을 미치는가

친절한 행동을 베푼 사람과 그 혜택을 받은 사람 그리고 관찰한 사람은 모두 주변 사람과 조직에 놀랍도록 큰 영향력을 미친다. 그 효과에 대해 좀 더 구체적으로 살펴보자.

1. 친절은 의미 있는 커뮤니케이션의 기회를 만든다. 친절을 경험한 사람은 좋은 이미지를 주는 일, 즉 중요한 이야기처럼 들리도록 말하는 데 신경을 덜 쓰게 되고, 새로운 것을 배우고 미지의 세계를 탐험하기 위해 다른 사람과 관계를 맺는 데 집중하게 된다. 상대방의 이름을 기억하고, 핵심을 다른 말로 바꾸어 표현해보라. 이 간단한 작업이 당신이 상대방의 말을 기계적으로 들은 것이 아니라,

적극적으로 경청했음을 효과적으로 보여줄 것이다. 또한 다른 사람과의 간단한 상호작용이 의미 있는 대화로 바뀌고, 그것이 발판이 되어 다음과 같은 가능성이 열리게 될 것이다.

- 다른 사람이 느끼는 감정의 가치를 증대시킨다.
- 조직 구성원의 존엄성을 되찾아준다.
- 커뮤니케이션에서 더 많은 진정성을 느끼게 한다.
- 주위 사람들이 자신의 위치를 더 중요하게 느끼게 한다.
- 단지 업무를 위해 듣는 것이 아니라, 함께 나누는 대화의 목적을 알게 한다.

이처럼 집단 내에서 이뤄지는 단순한 친절의 행동도 사람과 조직의 분위기에 극적인 변화를 가져올 수 있다.

2. 친절은 사람들의 기운을 끌어올린다. 정말 출근이 기다려지는 직장에 다녀본 적이 있는가? 그 회사와 다른 회사와의 차이점이 무엇이었는지 떠올려보라. 일과 관련해 어쩔 수 없이 잡무를 해야 하고, 여러 문제나 쟁점이 생기는 것은 어느 회사나 마찬가지일 것이다. 차이가 있다면, 그것은 바로 사람이다. 스포츠 토크쇼의 진행자 짐 롬Jim Rome은 "직장에서 벗어나려고 2주씩 휴가를 내야 하는 직업은 갖고 싶지 않아요!"라는 말을 한 적이 있다. 서로를 소중하게 여

기는 사람들이 모인 집단은 그들끼리만 낼 수 있는 어떤 에너지 같은 게 있다. 그 에너지가 어찌나 긍정적인지 그야말로 무슨 일이든 해낼 것 같다. 이런 힘은 서로를 배려하는 마음과 태도에서 나온다. 친절을 베풀면 몸의 피가 빠르게 돌고 면역 체계가 강화된다. 몸에 활력이 생기고, 정신이 맑아지며, 사람들과의 관계가 좋아진다. 친절을 베푸는 일은 에너지 바를 먹고, 산책하고, 뜨거운 물에 목욕하고, 시원한 물에서 물놀이를 하는 것과 비슷하다. 몸과 마음에 따뜻함, 기쁨, 극도의 행복감이 스르르 배어들기 때문이다. 친절을 실천하면 이해할 수 없는 어떤 평화가 우리의 정신에 깃든다. 마음속에서 노래가 흘러나온다. 얼굴은 어느새 미소를 짓게 된다. 진지하고 심각한 일을 하면서도 마음이 가볍다. 친절은 비행기를 타지 않고도 짧은 휴가를 다녀온 것 같은 효과를 만들어낸다. 사람들에게 친절을 베풀 때, 우리는 하나님을 기쁘게 한다. 그리고 신을 기쁘게 하면 당연히 얻는 것도 많아진다! 하루에 한 가지씩 선한 행동을 하면, 짧은 낮잠을 잔 것처럼 기분이 상쾌해지고 일의 능률이 오를 것이다.

3. 친절은 용기를 북돋우고 정신을 고양한다. 주위를 한번 둘러보라. 응원과 격려가 필요한 사람들이 눈에 들어올 것이다. 가령, 초등학교나 고등학교의 교사들은 업무량은 많은 데 반해 보수는 적고, 사회적으로도 제대로 인정받지 못하고 있다. 매년 8월 새 학기를 맞아 미국 전역의 교육 기관을 돌며 동기 부여 강연을 할 때면, 나는 교

사들의 얼굴에서 불만을 읽는다. 교사들에게 필요한 게 있다면 그것은 정신을 고양해줄, 힘이 솟는 격려와 응원의 말이다.

나는 하나님의 말씀을 전하기 위해 교회 곳곳을 찾아다닐 때가 많은데, 그러는 동안 여러 교회의 목사님들과 친분을 쌓을 기회를 얻었다. 그런데 그들을 만나 이야기를 나누다 보면, 대부분이 무거운 심적 부담감을 가지고 과한 업무에 시달리고 있었다. 심한 경우에는 스트레스가 극에 달해 정서적 탈진 상태를 보이는 분들도 있었다. 새삼 놀랄 일도 아니었다.

지방 공공 기관이든 《포천Fortune》이 선정한 500대 기업이든, 기업들에서도 비슷한 상황을 목격한다. 회사의 경영진은 대답을 찾느라 머리를 긁적이고, 중간 간부들은 여기저기에서 치이느라 진이 다 빠져 있다. 그리고 직원들은 실적이나 성과, 일의 기쁨, 긍지 대신 월급을 위해 일한다. 조직의 면역 체계를 강화하고 에너지를 끌어올릴 수 있는 친절 정신이 그 어느 때보다도 절실하다. 매일 실천하는 아주 작은 친절만으로도 조직의 사기를 끌어 올릴 수 있다. 그런 일은 새 컴퓨터로는 절대 할 수 없는 것이다.

친절은 개인에게도, 비즈니스의 세계에서도 매우 변혁적인 기제다. 친절한 행동 하나가 사람의 기분을 바꾸고 하루를 변화시키며, 심지어 자녀를 양육하는 방식에도 영향을 미칠 수 있다. 《타임Time》은 요한 바오로 2세John Paul II 서거 후, 교황의 삶과 발자취를 재조명하는 특집호를 2005년 4월 11일에 발간했다. 그 특집호는 존중과 친절로 요약되는 한 인간의 삶이 수백만 사람들에게 어떤 영향을 미쳤는지 알려주었고, 나는 매우 큰 감동을 받았다. 교황의 친구였던, 저명한 신학자이자 성직자인 몬시뇰Monsignor [7] 로렌조 알바세테Lorenzo Albacete 는 교황이 유난히 순방을 자주했던 이유에 대해 이렇게 말했다.

> 요한 바오로 2세는 죽은 교황의 회칙 따위는 누구도 읽지 않는다는 것을 잘 알고 있었다. 그가 거리로 나선 것도 그 때문이었다. 비록 그 시간이 겨우 1분이었더라도 사람들은 10시간 동안 매우 친밀하고도 신비로운 경험을 한 것처럼 느꼈을 거라고 생각한다. 그것은 많은 사람에게 "인생에서 또 다른 가능성을 봤다"라고 말할 만한 그런 순간이었다. [8]

이쯤에서 중요한 질문 하나를 해보겠다. 당신과 한 공간에 같이 있던 사람들은 이후 어떤 기분이나 감정을 느낄까? 과연 그 사람들도 "인생에서 또 다른 가능성을 봤다"라고 말하며 걸어갈까? 아니면, 그들은 달라지거나 영향을 받은 게 전혀 없는 채로, 그냥 무엇도 나아지지 않은 채로 멀어질까?

---

7   가톨릭 고위 성직자에 대한 존칭─옮긴이

8   데이비드 밴 비머David Van Biema, 「신앙의 수호자A Defender of the Faith」, 「타임」, 2005년 4월 11일, 39쪽

지금 당장 사람들에게 친절의 말을 건네보자. 친절을 베풀 기회는 항상 열려 있다. 초등학교 중퇴자의 말은 옳았다. 친절한 행동은 결코 헛되지 않다! 사소한 일부터 친절하게 행동하도록 노력해보라. 작은 노력이 큰 보상으로 돌아올 것이다.

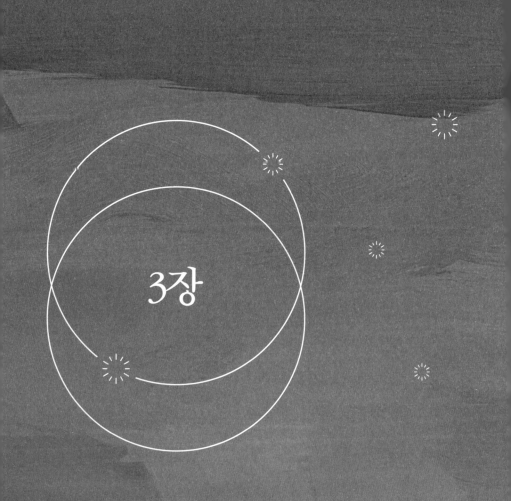

3장

한 시간 일찍
서둘러라

The Old Wisdom

시간에 관한 교훈

최근 우리 사회에서는 머리를 갸우뚱할 만한 어떤 움직임이 나타나고 있다. 점점 더 많은 기업이 인력 채용의 기존 관례를 깨고 새로운 방법을 모색하는 모습을 보이고 있다는 것이다. 여러 기업에서 사원 모집을 할 때 연령 제한을 두지 않고, 재능 있는 대학 졸업생들 대신 은퇴자들을 뽑고 있다. 시사 프로그램 「식스티 미니츠60 Minutes」에서, 기업의 채용 담당자들이 인터뷰하는 모습을 본 적이 있다. 그들은 60세가 넘은 퇴직자들을 일터로 다시 불러들이는 데는 여러 가지 이유가 있다고 말했다. 인간의 노화 과정을 종합적으로 연구하는 노인학 분야의 연구에서도, 미국인의 평균 수명이 점점 늘어나면서 이전의 전통적인 은퇴 방식과는 다른 대안이 필요하다는 논의가 계속 이뤄지고 있다. 물론 은퇴 이후 느긋한 생활을 즐기는 노년층도 있지만, 반면에 아무 일도 하지 않는 것에 환멸을 느끼는 사람도 꽤 많기 때문이다.

기업들은 고령 근로자에게서 경험이 풍부하고 회사 업무 규정을 잘 따른다는 장점을 발견한다. 그들은 정직하고 믿을 수 있으며, 직업의식이 투철할 뿐 아니라 시간도 잘 지킨다. 한 연구 보고서는 노인 재취업과 관련된 몇 가지 시도를 언급하면서, 고령의 근로자들이 야기하는 우려 사항보다 그들이 기업에 가져다주는 이익이 더 많다는 사실을 언급하기도 했다.

예순 살이 넘은 이분들은 대개 농업으로 생계를 꾸려나갔던 세대를 대표한다. 이 세대는 대공황을 견디며 살아남았고, 세계대전 중에 나라를 지켜냈으며, 전후 미국의 공공기반 시설을 재건했다. 이 미국 시민들은 인류 역사상 가장 위대한 기술 혁명을 만들어내고, 세계 초강대국을 세울 수 있도록 기반을 다진 사람들이다. 그들은 정직, 근면, 성실에 기반한 적극성과 고된 노력으로 모든 것을 일궈냈다.

우리는 주변에서 이런 사람들을 흔히 볼 수 있다. 이들을 보면 변함없이 충실하고, 믿을 수 있고, 열심히 노력하는 사람들이라는 생각이 들지 않는가? 이 사람들은 당신의 인생에 긍정적인 영향을 주고, 당신이 근무하는 환경을 발전시켰을 것이다. 어쩌면 당신 가족의 삶에 어떤 특별한 문화가 생겨나게 했을지도 모른다.

이와는 정반대로, 항상 약속 시간에 늦게 나타나는 습관을 가진 사람들도 있다. 상황과 관계없이 항상 늦는 습관 말이다. 이런 사람들은 단 한 번도 제시간에 오는 법이 없다. 처음 몇 번은 그러려니 할지 몰라도, 결국 당신은 이렇게 혼잣말을 하게 된다. "이걸 언제까지 참아줘야 하는 거야?" 이런 사람을 보면 어떤 생각이 드는가? 베스트셀러 작가인 존 메이슨John Mason은 이렇게 말했다. "다른 사람에게 부정적인 인상을 남기는 확실한 방법은 그 사람의 시간을 낭비하게 만드는 것이다!"

나는 아버지가 이렇게 말씀하시는 것을 수도 없이 들었다. "일분 늦기보다 한 시간 일찍 움직이는 게 낫다." 정말로, 이 말은 그냥 하는 소리가 아니었다. 아버지는 진심으로 하는 말이었고, 그 말을 몸소 실천하셨다. 아버지는 캘리포니아 주 발레이오에 위치한 캘리포니아 해양 대학교에서 요리사로 일했다. 샌프란시스코에서 북쪽으로 약 48킬로미터 떨어져 있고, 집에서는 15분 거리에 있는 곳이다. 지금까지도 캘리포니아 해양 대학교는 해양 산업의 전문 인력을 육성하는 한편, 해군 장교 후보생의 교육과 훈련을 담당하고 있다. 아버지는 1950년대부터 은퇴할 때까지 30년 동안, 오전 5시부터 오후 1시까지 일하는 오전 교대조에서 아침과 점심 식사를 준비했다.

어머니 말에 따르면, 아버지는 이 학교에서 근무하는 동안 단 한 번도 지각한 적이 없으셨다. 사람은 누구나 자기가 한 말을 지켜야 한다고 믿었던 아버지는 어느 곳에 몇 시까지 가겠다고 약속하면 반드시 그렇게 하셨다. 변명은 있을 수 없었다. 도로 정체나 공사, 늦잠 등 지각을 할 수밖에 없는 어떤 개인적인 사정도 정당한 이유가 될 수 없었다. 군대에서 받은 훈련도 분명 아버지에게 큰 영향을 미쳤을 테지만, 아버지는 선천적으로 몸에 시계를 달고 태어난 사람

같았다. 무조건 일찍 움직이는 게 좋다는 믿음이 강한 나머지 어머니에게도 늘 서두르라고 재촉했다. 그리고 집안의 시계란 시계는 모두 실제 시간보다 10분씩 앞당겨 맞춰놓았다(이런 집에서 어머니에게 '타임'은 잡지 이름일 뿐이었다).

약속 장소에 일찍 나가는 것은 지나간 시대가 반영하는 가치에 말을 거는 일이다. 겨우 한 세대 전만 해도 사람들은 지금처럼 자기만 생각하지 않았고, 회사 직원이든 교회 신도든 모두 시간 약속을 잘 지켰다. 근무시간이 오전 5시부터 시작된다면, 최소 30분 전에는 회사에 나가 있곤 했다.

아버지가 가족들에게 전하려던 것은 무엇일까? 우리 형제에게 가르치려 했던 교훈은 무엇일까? 오랫동안 나는 아버지가 시간에 대해 했던 말을 떠올리고, 그 말을 따르려고 노력했다. 그리고 아버지의 말을 다시 생각하니, 그가 전하려던 핵심 메시지가 무엇인지 똑똑히 알게 됐다. 그는 단지 시간에 관해 말하려던 것이 아니었다. 수련과 극기에 관해 말하려던 것이었다. 그 교훈을 출발점으로 삼으면, 삶을 변화시킬 개념도 쉽게 찾아낼 수 있으리라는 생각이 들었다.

생활 속에 배어든 자기 수련

오늘날 사람들은 평소 자기 수련에 대해 별로 고민하지 않는 분위기

속에서 살고 있다. 옛사람들은 도덕적으로 건전한 사고방식과 절제력을 지녀야 한다고 말하곤 했었다. 최선을 다하는 것 말고는 달리 선택의 여지가 없었던 그 세대의 사람들은 절제력이 있었고, 그런 삶의 양식은 그들의 삶 속에 뿌리를 내리고 있었다.

아버지의 생각이 훌륭한 이유는, 그것이 생각에서 그치지 않았기 때문이다. 아버지는 말을 실천에 옮기듯 생각 역시 실천에 옮기셨다. 그는 하나의 가르침으로 여러 가지를 동시에 알려주셨다는 점에서 진정한 스승이었다. 단순히 시간 개념만 가르쳐주신 것이 아니라, 수련의 기본 기술과 원리까지 알려주신 것이다.

웹스터Webster 사전에서 'discipline(수련)'이라는 단어를 찾아보면 '자제력', '인성', '질서정연함', '효율성을 개발하기 위한 훈련' 또는 '자제력 있고 질서정연한 행동'이라고 정의되어 있다. 자제력, 바른 인성, 질서정연함, 효율성과 같은 단어들은 내가 나고 자란 이웃의 어른들을 정확히 묘사하는 말이다. 마을 어린이 야구단의 코치, 보이스카우트 유년단 분대를 이끄는 여성 지도자, 학교 선생님, 청소년 지도자에게서 나는 그런 모습을 보았다. 내가 중학교에 다닐 때 논술을 가르쳤던 캔디스 비겐Candice Vigen 선생님, 스프링스타운 중학교의 교감이자 지금껏 만나본 야구 코치 중 단연 최고라 할 수 있는 웨스 매튜스Wes Matthews 코치님, 착한 사마리아인 선교 침례교회 주일학교에서 고등부를 지도하셨던 셜리 H. 데이Shirley H. Day 선생님이 그런 분들이었다. 참고로, 진정한 선생님이었던 데이 선생님은 내가 주일

학교에 가고 싶게 만든 유일한 사람이었다. 청소년 단체인 컨티넨탈즈 오브 오메가 보이즈 클럽Continentals of Omega Boys Club을 창설한 필모어 그레이엄Philmore Graham 회장님도 그런 분이었다. 특히 그레이엄 회장님은 다른 사람에게 평생 영향을 줄 만큼 훌륭한 성품을 가지고 있었다. 우리 옆집에 살았던 록시 존슨Roxie Johnson, 오드리Audrey와 페이 톰슨 시니어Fay Thompson, Sr 같은 분들은 제2의 부모나 다름없었다. 당시 부모님들이나 이웃 어른들은 인기 같은 것에는 신경 쓰지 않았다. 그저 아이들을 잘 길러 책임감 있는 어른으로 교육하는 일에만 집중할 뿐이었다.

어린 시절, 부모님은 내게 '적절히 행동하는 법'을 가르쳐야겠다는 생각이 들 때마다, 앞서 얘기한 마을 어른들을 집으로 초대하셨다. 솔직히 나는 요즘의 훈육 방법이 조금 부럽기도 하다. 우리가 어린 시절을 보냈던 1950년대나 1960년대에는 '타임아웃' 같은 건 없었다. 조용한 장소로 물러나 혼자 시간을 보내는 것이라면 얼마든지 오래 버틸 자신이 있는데 말이다. 발레이오의 루이지애나 스트리트 1100 블록의 다른 집 부모님들이 다 그랬듯이, 우리 부모님은 매를 맞을 회초리를 직접 꺾어오라며 나를 밖으로 내보내곤 하셨다. 그렇게 쫓겨나면 집으로 돌아가는 길이 어찌나 멀던지! 집만 아니라면 어디든 갈 수 있을 것 같았다. 나중에 영화 「포레스트 검프Forrest Gump」를 보고, 그 시절의 내 심정이 떠오를 정도였다. 그때 나는 이 영화의 주인공처럼 계속 걷고 또 걸어 다른 주까지 갈 수 있을 것 같았다.

아프리카 속담에 "아이 하나를 키우려면 온 마을이 필요하다"라는 말이 있다. 이 속담은 우리 마을에서도 그대로 통용됐다. 흑인, 백인, 유대인, 라틴 아메리카계, 폴란드계, 러시아계, 아시아계 할 것 없이 마을 사람들은 모두 이 속담에 따랐다. 물론 모든 아이가 이런 '극기 훈련'을 잘 통과했다는 뜻은 아니다. 하지만 중요한 것은 분명 불과 40년 전만 해도 우리 사회에 자제력, 바른 인성, 질서정연함, 효율성을 장려하던 분위기, 다시 말해 문화가 있었다는 사실이다. 당시에는 어른들 대부분이 그런 자질을 갖추려고 기꺼이 노력했을 뿐아니라, 그것을 다음 세대에 물려주는 일이 자신의 의무이자 책임이라고 믿었다. 그런 어른 중 한 사람이 바로 나의 아버지 로저 릭스비였다.

아버지에게 수련은 존재의 이유 그 자체였다. 나는 아버지가 삶에서 얼마나 철저히 자신을 관리하고 질서를 유지했는지, 작은 일들까지 모두 기억한다. 아버지는 신발 끈을 묶을 때도, 총기류를 관리할 때도, 자동차를 다룰 때도 자기만의 방식이 있었다. 그 친근한 목소리가 날카롭게 내 마음에 박혀 지금도 귓가에 울리는 듯하다.

자동차 오일은 약 5킬로미터마다 꼭 갈아줘라. 타이어는 약 10킬로미터 달릴 때마다 위치를 서로 바꿔줘야 해. 차에 타기 전에는 항상 타이어부터 체크해야 한다. 연료 눈금이 4분의 1 아래로 내려가면 바로바로 채워라. 그냥 타고 다니면 엔진에 좋

지 않거든. 장비는 항상 깨끗하게 닦아놓고, 손전등, 밧줄, 모포,
이 세 가지는 트렁크에 꼭 가지고 다니도록 해라.

예전에는 부모님의 잔소리가 그렇게 길고 지겹게 느껴졌는데,
이제는 그 말을 떠올리면 괜히 눈시울이 붉어지니 참 이상한 일이
다. 아버지는 시간을 지키는 것 이상의 뭔가를 내게 가르쳐주셨다.
이제 아버지 세대는 새로운 세대에게 바통을 넘기며, 결코 가볍게
넘길 수 없는 교훈도 함께 남겼다. 나는 지금까지도 차에 타기 전에
는 항상 타이어를 발로 차본다(그럴 때마다 우리 가족은 매우 재미있어 한
다). 운전석에 앉기 전에는 뒷좌석도 다시 한번 확인한다. 그리고 연
료 계기판의 눈금이 4분의 1 밑으로 내려가지 않게 연료도 꼼꼼히
체크한다.

자제력, 바른 인성, 질서정연함, 효율성. 우리가 스타일과 이미지
에 신경 쓰는 그 만큼의 열의로 이런 자질들을 갈고닦는다면, 우리
의 이력은 어떻게 달라질까? 하지만 요즘 시대에는 스타일과 관련된
특징은 가치 있게 여겨지고, 인성과 관련된 특징은 무시당한다.

그런 사회적 배경 속에서는 사람들이 당장의 만족감만 추구하며
살게 된다. 요즘 시대였다면 매튜스 코치가 나처럼 평범한 포수에게
영향을 주기까지 한 40년은 걸렸을 것이다. 좋은 옷을 입고 번지르
르한 이미지를 만드는 데 급급한 시대에는 그렇게 오랜 시간을 투자
할 사람도 없겠지만 말이다.

나의 아버지는 자식들을 위해 긴 시간을 투자했다. 시간이 없으면 만들어냈다. 지금까지도 나는 그 점에 대해 무척 감사하게 생각한다. 값진 교훈들이 나의 몸과 마음에 서서히 주입되도록 해주신 점에 깊이 감사드린다. 아버지는 공식적으로 새 학기가 시작됐으니 수업을 하겠다고 말한 적은 한 번도 없었다. 우리 형제는 주로 눈앞의 아버지 모습을 본으로 삼아 교훈을 스스로 터득했다.

　　예를 들어, 아버지는 남는 시간에 음식을 준비하곤 하셨는데, 지금 와 생각해보면 그런 방식으로 효율성과 질서정연함을 가르쳐주려 하셨던 것 같다. 교회 신자 중에는 결혼식처럼 손님 접대가 필요한 행사를 치러야 하는데, 출장요리 전문 업체를 부를 돈이 없어 난감해하는 사람들이 종종 있었다. 그럴 때면 아버지는 직접 나서 피로연 음식을 준비해주곤 하셨다. 제대로 된 주방도 없고, 옆에서 도와주는 직원이 있는 것도 아니고, 조리 시설이나 도구도 마땅치 않은 상태에서도 아버지는 일품요리를 만들어내곤 하셨다. 아버지의 음식은 늘 마을 사람들의 얘깃거리가 됐다. 모두들 맛있게 먹고 마셨지만, 그런 특별한 준비를 할 수 있었던 질서나 효율성에 대해 알아보는 사람은 거의 없었다.

　　이런 행사가 토요일 오후라면, 아버지는 금요일 오후에 퇴근하자마자 일찌감치 음식 준비를 시작하셨다. 새우, 소스, 치즈, 녹색 채소 등 필요한 재료를 모두 미리 손질해두셨다. 각각의 준비 과정은 미리 다 짜여 있었고, 부엌에서 이뤄지는 동작과 움직임은 모두 철저한 계획 아래 실행되었다. 아버지는 평소대로 놀라운 집중력을 보이며 말없이 일에 몰두했다. 그의 손끝에서 음식들이 만들어지고 차려지는 과정은 그냥 보기에는 어찌나 쉽고 수월한지 놀랍기만 했다. 확실히 최고 수준의 전문가가 아니면 보여줄 수 없는 그런 솜씨였다. 아버지가 하시는 걸 보고 있으면, 대규모의 인원이 먹을 음식을 만드는 일도 그리 힘들어 보이지 않았다. 준비하는 동안 잠깐 짬이 날 때마다 아버지는 이런 말씀을 하셨다. "리키, 이 게살 샐러드는 마요네즈, 셀러리, 소금의 조합이 아주 중요하단다. 보기에 괜찮아 보이는 정도로는 안 돼. 반드시 맛이 좋아야 하지." 아버지는 심지어 내가 아무것도 이해하지 못했을 때조차 내게 많은 것을 가르쳐주고 계셨다. 나는 그것을 이제야 깨달았다. 이 감사한 마음을 어떻게 다 표현해야 할까.

부모님을 보며 문득 깨닫게 된, 단순하지만 인생의 철학이 담긴 교훈들을 잠시 떠올려보자. 돌이켜보면, 우리 부모님들이 알려주셨던 생각들은 생각 그 자체로 머물지 않았다. 부모님들은 당신들이 세상을 살면서 실제로 하는 행동, 몸소 겪는 경험을 통해 세월이 흘러도 변치 않는 가치를 우리에게 전달하려고 하셨다. 그리고 우리가 세상에 영향을 미치는 데 그 가치가 도움이 되기를 간절히 바라고 기도하셨다.

자기 수련은 삶을 바꾼다

"싫어도 웃으면서 참으렴." 어린 시절에 부모님으로부터 이 말을 들은 적이 있는가? 나의 어머니는 이 말씀을 자주 하셨다. 극기심을 기르면 나중에 아무리 힘들고 어려운 일이 생겨도 헤쳐나갈 수 있음을 알려주시려 했던 것이다. 지금 우리가 사는 시대에는 얕고 가볍고 피상적인 것이 판을 친다. 한마디로 실제로 수련을 '하기'보다는 수련한 것처럼 '느끼기'를 좋아하는 시대다. 하지만 이런 시대에도 절실하게 깊이를 추구하고 목적을 고민하는 사람들이 있기 마련인데, 수련은 이런 사람들을 위한 특효약이다. 텍사스 대학교의 로더릭 하트Roderick Hart 교수는 현재 미국 사회에서는 국민들이 정치에 대해 꼭 알아야 할 필요가 없다고 지적했다. 그냥 세계정세가 어떻게 돌아가는지 아는 것처럼 '느끼기'만 해도 시민의 책임은 다 한 것이나 다름없다는 것이다.[9]

하트 교수의 말은 매우 시의적절한 지적일 뿐 아니라, 사회 곳곳의 이모저모에도 두루 적용될 수 있을 것 같다. 우리 사회는 지식을 습득하는 데 주력하지 않고, 그저 지식을 가진 것 같은 이미지를 보여주기 위해 더 노력하고 있다. 사회 전반적인 분위기가 그렇다. 수

---

9   로더릭 하트, 『미국을 유혹하다: 텔레비전이 현대 유권자를 현혹하는 방법Seducing America: How Television Charms the Modern Voter』, 세이지 퍼블리케이션즈Sage Publications, 1999

련의 노력이 사라진 문화에서는 어떤 일을 성취하고, 해결하고, 완성하는 방법을 굳이 알 필요가 없다. 어떤 일을 할 수 있다고 '느끼기'만 하면 되기 때문에, 성공을 위해 꼭 필요한 힘든 과정을 견디고 싸우려는 욕구는 사라지고 말았다.

수련은 싫어도 웃으며 참는 힘을 길러준다. 힘든 일이 생겼다고 자리를 피하거나 외면하거나 나중으로 미루지 못하게 한다. 우리가 계속 자리를 지키며 기다리게 한다. 계획하고, 고민하고, 해결하고, 다시 계획을 바꾸고, 그 뒤에 또다시 고민하게 한다. 우리가 생각하게 하는 것이다. 당신은 생각할 시간을 더 달라며 간청한 일이 몇 번이나 있었는가?

현대 사회에서 가장 잘못된 생각은 '먼저 일을 끝내는 것이 최선이다'라는 것이다. 대학 교수로 근무하며 나는 학생들 사이에 이런 생각이 만연해 있는 모습을 목격했다. 많은 학생들이 시험을 치를 때 정확하고 자세한 답을 써내려고 노력하기보다는, 제일 먼저 시험지를 제출해 '성공 신호'를 보내려고 한다. 성공에 대한 그런 망상은 남녀노소를 불문한 모든 사람에게서 성공에 필요한 것들, 이를테면 인내의 시간, 노력, 평가, 재평가, 실패 등을 경험할 기회를 빼앗아간다.

수련 없이도 어느 정도 성공할 수 있다고 말하는 것은 엔진 없이도 비행기가 날 수 있다고 주장하는 것과 다를 바 없다. 수련은 인내심과 더해져 우리의 삶을 나아가게 하고 상승하게 한다. 사람들이 더 많은 돈을 벌고, 더 많은 직업을 구하고, 더 많은 거래를 하고, 더 많은 꿈을 실현할 수 있었던 이유는 수련을 통해 포기하지 않는 법을 배웠기 때문이다. 미국의 한 대학 졸업식에서 윈스턴 처칠이 했던 말은 이에 대한 가장 적절한 표현이 아닐까 싶다. 1970년대 후반, 풋내기 기자 시절에 나는 야구팀 샌프란시스코 자이언츠San Francisco Giants를 취재하러 갔었는데, 자이언츠 락커룸에서 캔들스틱 구장 덕아웃으로 이어지는 통로 벽에서 그 단순한 여섯 단어를 처음 보았다. "절대, 절대, 절대, 절대 포기하지 마라." 이 말은 전 세계적으로 영향력을 미치며 전설이 되었다. 역사상 가장 잊을 수 없는 졸업식 연설문임이 분명하다. 고등학교나 대학교 교육 과정에서는 그런 말을 가르치지 않는다. 또 우리도 회사 휴게실에 모여 그런 말을 주고받거나 마음에 새기려고 다이어리에 적거나 하지 않는다. 이 말은 대중문화에서 찾아볼 수 없고, 대부분의 사람들이 언급하지 않는 말이다. 하지만 이 여섯 단어는 기업의 문화와 조직의 사기 그리고 가정의 분위기를 바꾸어줄 잠재력을 가지고 있다.

수련의 폭발적인 힘은 인간의 끝없는 욕구를 더 멀리 뻗어나가게 한다. 우리가 더 높이 오르게 하고, 더 똑똑하게 연구하게 하고, 더 빠르게 달리게 하고, 더 멋지게 자라게 한다. 아버지는 자신을 단련하면 인생에서 더 큰 자유를 얻을 수 있다는 점을 내게 보여주셨다. 수련을 하면 삶에 질서와 목적이 생기게 된다. 그러면 일의 생산성을 높일 방법을 모색하게 돼서 자연스럽게 효율성도 함께 증가한다. 이쯤 했으니, 약속 시간에 일찍 도착하는 일은 우리가 세상을 보는 방식에도 영향을 준다는 사실을 눈치챘을 것이다. 처음에는 변화가 느리게 느껴질지 모르지만, 차츰 속도가 붙으며 자신이 예전보다 훨씬 더 효율적으로 업무를 처리하고 있다는 사실을 깨닫게 될 것이다. 그러면 탁월함이라는 개념을 삶의 방식으로 받아들이는 일도 가능해진다. 세상에 영향을 미치는 일이 더는 생각에 머무르지 않고, 실제적인 삶의 방식이 되는 것이다.

앞서 말했듯, 아버지가 몸담았던 캘리포니아 해양 대학교의 오전 교대조는 새벽 5시부터 일을 시작했다. 센트럴 발레이오 지역에 있던 우리 집에서 캠퍼스까지는 차로 대략 15분이 걸렸다. 아버지는 오전 3시 45분에 집을 나서 한 시간 일찍 일터에 도착하곤 하셨다. 나는 그런 행동만으로도 충분히 가치 있다고 생각했다. 하지만 아버지가 하신 수련의 진수는 그런 행동의 결과로 얻은 인내에 있었다. 아버지의 인생은 인내의 깊이가 남달랐다. 아버지는 결코 포기하지 않으셨다. 그게 아버지의 방식이었다.

나는 현세대의 사람들에게 우리의 어머니들과 아버지들을 찾아가, 얼굴을 찬찬히 들여다보라고 권하고 싶다(나의 아버지가 살아 계셨다면 이 책이 출간된 해에 86세가 되셨을 터였다). 그들의 얼굴에서, 살아온 이야기에서 이런 인내의 가치가 배어나올 것이다. 포기했다면 우리는 제2차 세계대전이라는 결정적인 전쟁에서 이기지 못했을 것이다. 가족을 먹여 살리지도, 챔피언이 되지도, 경기에서 우승하지도 못했을 것이고, 9·11 테러 이후 뉴욕을 재건하지 못했을 것이다. 또

한 소련을 상대로 싸워 빙상을 차지하지도 못했을 것이고,[10] 랜스 암스트롱Lance Armstrong이 사이클을 타고 프랑스의 그 험준한 지형을 달리는 모습을 보지도 못했을 것이다. 포기한다면 우리는 이력을 발전시키지 못하고, 성과를 높이지 못하며, 배우자를 지키지 못하고, 아이들에게 좋은 부모로 기억되지 못할 것이다. 포기는 계속되는 고난과 부정적인 혼란만 야기한다. 가족의 틀을 무너뜨리고, 책임감을 저버리게 하며, 책무를 망각하게 만든다. 포기는 항상 혼란, 파괴, 쇠퇴, 실패로 끝난다. 당신은 수련하는 삶을 살 준비가 되었는가? 그러면 반드시 굳은 결의에 대한 보상을 받을 것이며, 인내심이라는 보너스까지 얻게 될 것이다. 그리고 결국엔 수련의 힘과 그 혜택이 얼마나 값진지도 알게 될 것이다.

약속 시간에 한 시간 일찍 나가는 것의 의미

수련하는 삶에는 힘이 있다. 그래서 수련을 하면, 외부의 힘에 쉽게 휘둘리던 사람이 주위에 영향을 미치는 존재로 바뀔 수 있다. 수련에는 고귀한 명예와 영광의 삶을 살 가능성이 내재되어 있다. 40년

---

10 1980년 미국 레이크 플레시드에서 열린 동계올림픽에서 미국 아이스하키팀이 최강 소련 대표팀을 꺾고 극적으로 금메달을 딴 일을 일컫는다.—옮긴이

간 나는 아버지 곁에서 인내와 명예의 역동적인 결합이 반영된 행동을 지켜보았다.

　20세기 초반에 태어난 사람들과 대화를 나눠보면, 밀레니엄 세대의 시민들에게서는 보기 힘든 특별한 성질을 발견하게 된다. 그들의 의식 속에는 어떤 일도 중도에 포기하면 안 된다는 원칙이 깊이 새겨져 있다. 가슴속에는 뭔가를 약속하면 반드시 지킨다는 생각이 깊이 간직되어 있다. 어떤 대가를 치르더라도, 아무리 일찍 서둘러야 한다고 해도, 어떤 고난이 와도 상관없이 말이다. 말과 행동이 일치할 때 그 가운데서 생겨나는 것이 바로 명예다. 핵심 가치를 세우고, 그 가치를 말하고, 말한 대로 사는 사람은 한결같다. 현대 사회에서는 좀처럼 보기 힘든 고결한 삶의 모습이다. 우리 아버지, 어머니의 시대에는 속에 없는 말은 하지 않고, 말한 것은 진심을 다해 지키는 것이 지극히 당연한 일로 여겨졌다. 그 시대에는 이런 말을 쉽게 들을 수 있었다.

- 말하기는 쉽다.
- 말보다는 행동이다.
- 말이 곧 신용이다.
- 진심이 아닌 말은 하지도 마라.

　우리 아버지들과 어머니들은 이대로 실천하려고 노력하셨고, 그렇게 노력하는 것이 전체적인 사회 분위기였다. 하지만 오늘날에는 다음과 같은 말들을 많이 한다. 그리고 요즘 사람들 역시 자신의 말을 행동으로 옮기는 듯하다.

- 그럴듯하게 말하는 법을 배워라.
- 세상에 협상할 수 없는 것은 없고, 바뀌지 않는 것도 없다.
- 지키지 못할 약속은 하지도 마라.
- 어쨌든 왔으면 된 거 아닌가?
- 할 수 있는 만큼만 최선을 다해라.
- 어쨌든 노력했으면 된 거다.

이전 세대의 사람들은 끊임없이 개인적인 수련에 정진해야만 명예로운 삶이 뒤따라온다는 믿음을 가지고 있었다. 그러나 지금 우리 세대는 수련에는 관심이 없고, 엉뚱하게 편리한 것이나 현시적인 것에만 열광한다.

자기 수련 없이 인품을 갖춘 사람이 되는 것이 가능할까? 자기 수련 없이 어떤 위대한 가치를 성취하는 것이 가능할까? 수련은 우리 삶 전체에 동력을 공급하는 엔진이다. 게다가 수련은 질서, 체계, 목적, 자유와 같이 바른 인성을 갖춰주는 요소에 필수적인 지침을 제공한다. 수련은 자신에 대해 철저하고 강도 높게 조사하고, 평가하고, 실행에 옮기는 것을 의미한다. 그렇게 하면 필연적으로 우리는 한층 고양된 삶을 살 수 있다. 분명 자신에게 득이 되는데도, 힘들게 수련할 필요가 없다고 믿는 사람들이 대부분이다. 그렇기 때문에 단순히 수련하는 생활을 하겠다고 선택하는 것만으로도 다른 사람들과는 확연히 구분되는 삶을 살게 된다.

현대 사회를 사는 사람 중에도 보여주기식 삶을 살지 않았던 시대가 잘 맞는 사람이 있을 것이다. 그 시절에는 높은 기대치에 따라 최선을 다하고, 주변 사람들의 요구에 따라 약속을 지켰다. 자기 일을 제대로 해내는 데서 자긍심을 얻고, 의무와 책임을 다함으로써 동료들의 존경을 얻었다. 그리고 그 과정에서 명예로운 사람이란 어떤 사람인지 깨달았다. 그런 사람의 삶에는 가치와 말, 행동 사이에 절대 변하지 않는 일관성이 있었다.

자기 수련 없이 탁월함을 유지하려 하는 사람은 계속 성장하기 어렵나. 수련은 성공하기 위한 주요 조건이다. 어떤 직종, 어떤 분야든 상관없이 매우 높은 자리에 오른 사람을 떠올려보라. 그 사람은 분명히 자기 수련에 온 노력을 기울인 사람일 것이다. 그런 노력을 한 사람 가운데 하나가 19세기의 선교사 마틴 로이드 존스Martyn Lloyd-Jones다. 그는 이런 말을 했다.

평생 하나님의 말씀을 따르며 고귀한 삶을 살았던 싱인치고 자기 수련과 질서를 위해 헌신의 노력을 기울이지 않은 사람은 없다. 남자든 여자든 신을 위해 눈에 띄게 빼어난 일을 한 사람에게서는 그런 특징을 예외 없이 찾아볼 수 있다. (……) 분명 그런 노력은 성서의 취지와도 완벽히 맞아떨어지며, 절대적으로 필요한 것이다.[11]

아버지는 일이나 약속이 있을 때 항상 미리 나가곤 하셨다. 일찍 도착하는 일은 자신을 단련하고 극기하려는 생활 방식을 지키기 위한 한결같은 노력의 실천이었다. 자신을 훈련하고 원칙에 따르는 생활 방식은 아버지가 가장 소중하고 가치 있게 여기는 자산 가운데 하나였다.

만약 직업상의 일이나 개인적인 일로 약속이 있을 때 매일 한 시간 일찍 나간다면, 당신의 삶은 어떻게 달라질까? 이런 걸 곧이곧대로 따르는 게 좀 터무니없게 느껴진다면, 교훈의 정신이라도 본받아 보자. 이제부터 모든 약속에 조금이라도 미리 나가려고 노력한다면, 당신의 직장생활은 분명히 개선될 것이다. 지도자, 멘토, 남편, 학생으로서 더 영향력 있는 사람이 될지도 모른다.

내 친구 폴 홀더필드 주니어Paul Holderfield, Jr는 아칸소 주 노스리틀록에 위치한 프렌들리 채플 교회의 담임목사다. 지난 몇 년 동안 나는 여름이 되면 그 교회의 부흥 예배에 가서 설교하는 영광을 누렸

11   마틴 로이드 존스, 정상윤 옮김, 『영적 침체Spiritual Depression』, 복있는사람, 2014

다. 하지만 부끄럽게도 나는 자주 약속 시간에 늦었는데, 폴 '형제'
는 그런 터무니없는 행동을 계속 참아주었다. 예배가 저녁 6시에 시
작하면, 나는 딱 6시에 도착하거나 몇 분 늦게 도착하곤 했다. 폴 형
제는 내게 아무 말도 하지 않았지만, 그가 몹시 난처해한다는 걸 나
는 알고 있었다.

최근 나는 내 잘못을 깨닫고 아버지의 교훈에 따라 행동하기 시
작했다. 어떤 상황이든 가능하면 미리 도착하려고 한 것이다. 그것
이 내 이력을 바꿔놓았고, 더 중요하게는 주변 사람과의 관계에 영
향을 미쳤다. 내가 폴 형제에게 이제는 예배가 시작되기 한 시간 전
에 미리 도착할 거라고 말했더니, 그는 깜짝 놀라 눈을 동그랗게 뜨
더니 급기야 눈물까지 흘리며 이렇게 말했다. "릭, 난 지금 최고의
선물을 받은 기분이라네."

당신도 직장, 집 또는 교회에 있는 누군가에게 줘야 할 '선물'이
있지는 않은가? 일상생활에서, 직장생활에서 무심코 드러낸 지각 습
관으로 인해 누군가에게 미안한 마음을 가지고 있지는 않은가? 그렇
지 않다면, 당신 삶의 어떤 영역에서 수련이 부족하다고 느끼고 있
지는 않은가? 어쩌면 지금이 잘 수련된 삶이 만들어낸 선물이 필요
한 때인지도 모른다. 약속에 일찍 나가는 것처럼 간단하면서도 다른
사람에게 큰 영향력을 미치는 일은 없다.

한 시간 일찍 약속 장소에 나가는 교훈을 알려주신 아버지에게
감사드린다(폴 형제도 아버지에게 감사의 마음을 전했다). 약속 시간을 잘

지키는 일이 다른 사람에게 어떤 영향을 미치는지 이제 나는 잘 알고 있다.

4장

다른 사람을
돕는 일

The Old Wisdom

다른 사람을 돕는 행위에는 엄청난 힘이 있다

나는 1960년대에 어린 시절을 보냈다. 그 당시 삶은 굉장히 단순했다. 부모님이 높이 뛰라고 말하면 이유도 묻지 않고 "얼마나 높이 뛰어요?"라고 물을 정도였다. 반항기가 아예 없었다는 건 아니다. 하지만 정말이지, 적어도 우리 집에서만큼은 부모님 말씀이 곧 법이었다. 그리고 법은 거의 항상 승리했다.

이 시기 텔레비전에서 가장 인기 있던 프로그램 중 하나는 단연코 「배트맨Batman」이었다. 60년대 중반, 이 고전 시리즈에는 애덤 웨스트Adam West, 버트 워드Bert Ward에서부터 시저 로메로Caesar Romero, 버지스 메러디스Burgess Meredith 그리고 캣우먼 역의 어사 키트Eartha Kit까지 다수의 유명 배우들이 총출연했다. 우리 집에서 「배트맨」은 두 가지 이유에서 가히 혁명적이라 할 수 있었다. 첫째, 프로그램이 컬러로 방영되었다. 당시에는 컬러 방송이 흔치 않았기 때문에, 이것만큼 대단하고 재미있는 볼거리가 없었다. 둘째, 수요일과 목요일에 걸쳐 두 편이 연속으로 방영되었다. 세상에, 이 얼마나 신나는 일이었는지!

하지만 배트맨의 파워도 다른 사람을 도와주라고 심부름을 시키는 부모님에게서 우리를 지켜주지는 못했다. 텔레비전 프로그램 따위는 아버지에게 관심 밖의 일이었다. 누군가 도움이 필요한 사람이 있으면, 우리는 무조건 가서 도와야 했다. 그리고 참 희한하게도 수요일과 목요일 저녁 7시만 되면 꼭 누군가 도와줘야 할 사람이 생겼다. 부모님이 당장 출동하라고 명령을 내리시는 바람에, 망토를 두른 우리의 영웅이 악당과 싸우는 장면을 놓친 게 한두 번이 아니었다.

그 시절 수요일 저녁 7시 풍경 이야기를 한번 해보자. 우리가 살던 작은 집에서 고급스러운 물건이라곤 찾아보기 힘들었지만, 홈시어터만큼은 꽤 괜찮았다.

1960년 이전에 태어난 사람이라면, 어린 시절 집에 있던 그 긴 RCA 스테레오와 중앙에 놓인 전축을 보았을 확률이 높다. 1970년 이후에 태어난 사람에게 음반이란 으레 연속된 하나의 홈이 파인 레코드판을 뜻하는 것이었다. 당시 전축 옆에는 대개 브라운관이 있는 텔레비전 세트가 놓여 있었다. 텔레비전 화면이 나오려면 기계가 예열될 때까지 한 30초 정도 걸렸는데, 기억나시는지? 화면은 또 어찌나 멋졌는지 모른다. 60년대 중반에는 그랬었다. 우리는 「스타트렉 Star Trek」, 「길리건의 섬Gilligan's Island」, 「겟 스마트Get Smart」, 「배트맨」 등의 프로그램을 컬러로 보았다!

배트맨이 막 시작하려고만 하면 꼭 나를 찾으시던 어머니의 목소리가 지금도 귓가에 들리는 듯하다. "리키, 저 아랫집 윌슨 아저씨 나무 운반하는 거 도와드려. 아저씨가 오늘 몸이 별로 안 좋으셔서, 누가 꼭 도와드려야 해. 한 시간이면 될 테니까 얼른 갔다 와서 씻고 잘 준비하면 되겠다."

"엄마, 배트맨 다 보고 가서 도와드리면 안 돼요?"

"이 녀석, 냉큼 나가지 못해? 얼른 시키는 대로 안 하니!"

우리가 살던 곳은 샌프란시스코 만 지역이었지만, 부모님은 워낙 남부 스타일이었다. 그래서 부모님이 뭔가 하라고 말씀하시면, 우리는 왜냐고 묻지도 않고 그대로 따랐다. 그때는 부모님과 '협상' 한다는 건 있을 수 없는 일이었다. 말대답도 못 했고, 타임아웃 같은 것도 없었고, 봐주는 일도 없었다. 우리 집에서는 할 일을 제대로 못 하고 잘못을 저지르면 회초리를 맞았다.

평소 부모님은 우리에게 가르치는 대로 행동하시던 분들이었기에 '다른 사람을 도우라'는 말에는 진정성이 담겨 있었다. 그 시대 다른 어른들과 마찬가지로 우리 부모님도 남을 돕는 일을 당연하게 여기던 세대, 즉 '행하는 사람들'의 세대였다. '보는 사람들'인 우리 세대는 남을 돕는 일에 관해 입으로는 그럴듯한 말을 늘어놓지만, 조금이라도 번거롭다 싶으면 행동으로 옮기지 않는다.

우리 부모님들을 떠올려보자. 그분들은 대개 해가 뜰 때부터 질 때까지 일했다. 직업을 두 개 이상 갖는 것이 기본이었지만, 불평하지 않았다. 그렇게 힘들게 사는 와중에도 도움이 절실한 친구가 있으면 즉시 달려갔다. 믿고 의지할 수 있고, 기꺼이 봉사하는 사람들로 이루어진 세대였다. 그런 면에서 보면 우리는 지난 반세기 동안 퇴보한 것이나 다름없다.

자기 시간의 10퍼센트만 할애해 남을 도와도 리더로서의 영향력이 달라질 것이다. 자기 것을 챙기기보다 남을 먼저 돕는 사람으로 알려진다면, 직원으로서의 평판이 달라질 것이다. 이기적으로 행동하기보다 누군가를 돕는 모습을 다른 사람에게 보여준다면, 가족들과 친구들 사이에서 당신의 위치 또한 달라질 것이다.

다른 사람을 돕는 행위에는 엄청난 힘이 있다. 그래서 그런 행동을 자주 하는 것만으로도 삶이 완전히 달라질 수 있다. 빌리 그레이엄Billy Graham 목사[12]와 평생 옆에서 그를 도운 고故 T. W. 윌슨T. W. Wilson의 이야기를 보자.

어린 시절부터 친구 사이였던 그레이엄 목사와 윌슨은 전 세계를 돌며 하나님의 뜻을 사람들에게 전하기로 마음먹었다. 선교 활동 초기, 그레이엄 목사는 전적으로 자신을 지지해줄 조력자가 간절히 필요했다. 이기적이지 않고 자신을 드러내려 하지 않으며 명성을 좇지 않는 사람, 무엇보다 세상에 그리스도의 능력이 미치지 않는 곳은 없다고 굳게 믿는 그런 사람이 절실했던 것이다.

---

12   20세기 미국 최고의 복음 전도자로 미국은 물론 세계 각국 정치 지도자들의 영적 조언자로 유명했다.—옮긴이

제이 데니스Jay Dennis가 쓴 『빌리 그레이엄과 리드하기』의 19쪽에는 이런 내용이 적혀 있다.

> 거의 40년 동안 T. W. 윌슨은 그레이엄 목사와 친한 친구 사이로 지냈다. 함께 여행하며 보디가드 노릇을 했고, 힘든 일정의 세세한 부분까지 모두 챙기며 비서 역할을 도맡았다. 두 사람의 우정은 노스캐롤라이나 주 샬럿에서 십 대 시절을 함께 보내면서 싹트기 시작했다. 윌슨은 상대가 대통령이든 죄수든, 유명인사든 경비원이든, 왕자든 전도사든 상관없이 더 나은 사람이 되게 영향력을 미치는 사람이었다. 그의 이야기를 들으면 분명 누구라도 감동과 흥분을 동시에 느끼게 될 것이다.[13]

데니스는 수많은 사람을 인터뷰했는데, 그들은 하나같이 윌슨의 봉사 정신을 높이 평가했다. 그레이엄 목사의 동료이자 윌슨의 친구였던 돈 베일리Don Bailey는 이렇게 말했다. "빌리는 T. W.를 절대적으로 신뢰했어요. T. W. 역시 빌리에게는 생각을 있는 그대로 다 말할 만큼 그를 막역하게 생각했고요. T. W.는 빌리의 일정과 다음 목적

---

13   제이 데니스, 『빌리 그레이엄과 리드하기: 리더십의 원칙과 T. W. 윌슨의 삶Leading with Billy Graham: The Leadership Principles and Life of T. W. Wilson』. 베이커 북스Baker Books, 2005. 저자는 윌슨의 삶에서 나타나는 특정 원칙들을 찾아내, 그의 어떤 태도가 한 단계 수준이 높고 다음 세대에까지 전달되는 강력한 영향력을 만들어냈는지 훌륭하게 설명하고 있다.

4장 | 다른 사람을 돕는 일   103

지, 일상생활, 여행할 때 챙겨야 할 짐들, 이런 모든 걸 알고 그리스도와 같은 마음으로 그걸 다 돌봤어요. 자기 일은 제쳐놓고 항상 빌리를 먼저 챙겼죠."(『빌리 그레이엄과 리드하기』 171쪽)

오랜 기간 윌슨의 보좌관으로 일했던 에벌린 프리랜드Evelyn Freeland가 결정적인 한마디를 했다. "윌슨 씨는 이인자 자리를 마다 않는 일인자였어요." 데니스는 마지막에 이렇게 덧붙였다. "윌슨은 봉사자로서의 소명만큼 고귀한 소명은 없다는 사실을 알고 있었다."(『빌리 그레이엄과 리드하기』 176쪽)

만약 당신이 오늘 봉사의 고귀함이라는 깨달음을 얻는다면 당신의 삶은 어떤 영향력을 발산하게 될까? 이 깨달음을 얻은 사람은 불가사의에 가까운 엄청난 힘을 발휘하게 것이다. 주위 사람들은 그의 존재만으로도 힘을 얻고, 그는 자신이 속한 집단뿐 아니라 여러 세대에 걸쳐 선한 영향력을 미치게 될 것이다. 이 모든 것이 봉사자의 마음을 갖겠다고 선택했기에 얻는 결과다.

일하는 환경이 더 나은 방향으로 변할 필요가 있다고 느낀다면, 직원들이 먼저 나서서 리더를 봉사자의 마음으로 대할 필요가 있다. 내 가정에 어떤 기회가 생기길 바란다면, 가족 구성원 모두가 반드시 봉사자의 마음부터 갖춰야 할 것이다. 사회가 이기심으로 인해 생기는 여러 문제에서 벗어나길 원한다면, 우리는 봉사자의 마음가짐으로 소박한 삶을 기꺼이 받아들여야 한다.

봉사라는 고귀한 소명

다른 사람을 돕는 일에는 거룩한 뭔가가 있다. 이는 아마도 누군가를 돕는다는 행위의 정수精髓가 신의 마음에 뿌리를 내리고 있기 때문일 것이다. 다른 사람을 도울 때, 우리는 자기 이익만 좇는 이기심과 그로 인한 고립의 굴레를 떨쳐낼 수 있다. 물론 독립성이 필요할 때도 있다. 하지만 세상살이의 이치를 생각한다면, 다른 이의 삶에 어떤 기여도 하지 않을 만큼 독립적인 인생을 살아가길 바라는 사람이 과연 몇이나 될까?

테레사 수녀Mother Teresa, 마하트마 간디Mahatma Gandhi, 착한 사마리아인 같은 위대한 봉사자들을 생각해보라. 삶의 어떤 부분이 그들을 그토록 특별한 사람으로 만들었을까? 그들에게는 다름 아닌 평범한 인간에게서 매우 보기 힘든 성품, 바로 자신의 한계를 넘어 세상을 위해 헌신하려는 마음이 있었다.

이제 잠시 기억을 더듬어 우리에게 영향을 준 사람들을 떠올려보자. 그냥 친한 사람들 말고, 당신의 인생에 정말로 큰 영향력을 미친 한두 사람을 생각해보라. 그 사람들은 분명 남을 돕는 사람이자 봉사자라는 공통적인 본질을 가지고 있을 것이다. 가능한 어떤 방식으로든 남에게 베풀고, 용기를 주고, 도움을 주며 자신이 가진 것을 나누어주려 하는 본질 말이다.

소중한 아내가 유방암으로 죽은 뒤 처음 맞은 크리스마스를 나는 지금도 생생하게 기억한다. 두 아들과 나는 잘 지내지 못했다. 카드도 쓰지 않고, 난롯가에 양말도 걸지 않고, 크리스마스트리도 꾸미지 않은 채 크리스마스를 맞은 것은 평생에 처음이었다. 그때 친구 몇이 우리 집에 들렀다. 그들은 내게 도와줄 일이 있냐고 묻거나 미리 약속을 잡지도 않고 저녁에 불쑥 찾아왔다. 그러고는 팝콘을 만들고, 캐럴을 틀고, 벽장에서 크리스마스 장식을 끄집어냈다. 우울했던 명절 연휴가 겨우 몇 시간 만에 따뜻하고 애정 어린 추억의 시간으로 바뀌었다.

여기서 주목할 부분은 행위가 이루어진 방식이다. 힘든 일을 겪고 있는 누군가에게 도와줄 일이 있는가 묻는다면, 상대방은 감사하다는 뜻을 표현한 뒤에 호의를 정중히 거절할 가능성이 크다. 물어보는 것만으로도 충분히 복 받을 행동이고, 도와줄 의사를 보인 것만으로도 우리 기분은 한결 나아질 것이다.

하지만 우리가 무엇이 필요한지 먼저 알아차리고 그냥 해주면, 상대방은 뜻밖의 도움에 깜짝 놀라고 감격하며 축복받았다고 느낄 것이다. 우리로서도 뿌듯한 마음이 한층 커진다. 그리고 스스로를 자랑스럽게 여기며, 다른 사람을 도와줄 기회를 또다시 찾게 될 것이다. 우리는 종종 기꺼이 다른 사람을 돕기도 하지만, 그 동기가 옳지 못할 때도 있다. 만약 순수하게 상대의 행복을 위해서가 아니라 다른 이유가 있어 도움을 자청했다면, 어느 정도 기만적 요소가 우리의 의도를 더럽히게 된다.

가장 좋은 봉사자, 즉 최선의 봉사자는 겸손하며 조용히 침묵할 줄 안다. 그들은 다른 사람을 찾아가 돕는 것, 그 하나의 목적만을 위해 일한다. 그들은 "고맙다"라는 말을 굳이 들으려 하지 않고, 박수와 칭찬을 바라지 않는다. 자기가 한 일을 자랑스럽게 드러내려 하지도 않는다. 진정한 봉사자는 이기심의 영역 밖에서 움직인다. 그런 사람의 임무는 남을 돕는 것이다. 그리고 목표는 이미지를 전달하는 것이 아니라 영향력을 미치는 것이다.

음식점에서 누군가 말도 없이 내 음식값을 대신 지불해서 깜짝 놀란 적이 있는가? 그럴 때 우리는 생각지 못한 호의에 너무 놀랍고 고마워서 기분이 좋아진다. 반대로, 대신 계산을 해주겠다고 동네방네 떠든 사람은 없었는가? 이때는 별로 고마운 마음도 들지 않았을 것이다.

20세기 초에 태어난 사람들을 다시 한마디로 표현하면 '남을 돕는 사람들의 세대'라고도 말할 수 있다. 전쟁과 평화, 축제와 기근이 반복되는 시대를 살아가던 그들에게 서로를 돕는 것은 당연하고도 꼭 필요한 일이었다. 어린 시절, 우리 부모님은 물건이나 기계가 망가져도 수리공을 찾는 일이 거의 없었다. 부모님이 직접 고치지 못하는 것이 있으면, 친척 또는 친구 중 누군가가 와서 대신 고쳐주었다. 사람들은 서로를 돌보았고, 서로의 안녕을 걱정했고, 도울 수 있는 건 뭐든 도왔다. 하지만 지금 사람들은 반세기 전과는 전혀 다르게 행동한다.

반세기 전에는 돕는다는 것이 곧 가족, 이웃, 지역 사회의 일원이 된다는 뜻이었다. 우리는 자라면서 주위 사람을 돕는 것은 일종의 특권이라고 배웠다. "별이 달린 유니폼을 입은 사람에게는 믿고 차를 맡겨서도 좋다"라고 약속하는 텔레비전 광고[14]에서부터 평화봉사단 Peace Corps 같은 연방 자금 지원 프로그램까지, 시민이라면 '당연히' 다른 사람을 도와야 한다는 사실을 지속해서 상기시키는 것들이 많았다. 그 당시 토요일은 단순한 휴일이 아니었다. 일요일도 그저 교회에 나가거나 조용히 쉬는 날이 아니었다. 주말은 가족과 친구를 돕는 날이었다. 놀랍게도 남을 도우면 왁자지껄 잔치가 벌어지는 일이 자주 생겼다. 다른 집의 페인트칠을 도와주면, 수고했다며 음식이 나왔다. 더불어 정겨운 웃음소리도 끊이지 않았다. 친구가 이사하는 것을 도우면, 자연스럽게 이웃 사람들까지 어우러져 즐거운 시간을 보내게 되었다. 당시에는 깨닫지 못했을지 모르지만, 사실 우리는 가치를 만들고 있었다. 명예를 쌓아 올렸고, 지역 공동체를 형성했다. 모든 게 돕는 행위를 통해 이루어졌다. '남을 돕는 것이 곧 자신을 돕는 것이다'라는 말이 있다. 누군가가 산 정상까지 오르도록 옆에서 도우면, 어느새 자신도 정상에 함께 올라가게 되는 이치다.

우리 베이비붐 세대는 부모님 세대가 근근이 애쓰며 살면서도

---

14 미국의 정유회사 텍사코Texaco, Inc.의 1960년대 광고—옮긴이

서로를 돕는 모습을 지켜보며 자랐다. 그런데 역설적이게도, 오늘날 우리는 가진 건 더 많지만 도우려는 마음은 오히려 줄어든 것 같다. 우리 세대의 이 모든 물질적 부에도 불구하고, 부모님 세대의 삶이 더욱더 풍요롭게 느껴지는 것이 정말 흥미롭지 않은가? 이웃 사람들과 마찬가지로 우리 어머니, 아버지도 항상 남을 돕는 데서 기쁨과 성취감을 얻으며 살았다. 일은 수고로울지언정 더 좋은 기분으로 지낼 수 있었다. 만약 지금 사람들이 과거의 우리 마을로 돌아간다면, 똑같이 교회에서든, 일터에서든, 어린이 야구단에서든, 보이스카우트 유년단에서든, 고등학교 밴드부에서든, 주변 사람들을 돕게 될 것이다. 고구마를 캐든, 자동차를 세차하든, 화장실 청소를 하든, 이웃을 위해 봉사하게 될 것이다. 그때는 몰랐지만, 부모님은 그런 노력을 통해 내게 중요한 원칙을 가르치고 계셨다.

항상 누군가를 도울 수 있는 위치에 서라

지금도 익숙한 아버지의 목소리가 생생하게 들리는 듯하다. "아들아, 항상 다른 누군가를 도울 수 있는 위치에 있거라." 아버지는 인생의 중요한 교훈을 나누는 일에 있어 내게 진정한 스승이셨다. 진정한 스승은 입으로만 말하지 않는다. 교훈을 알려주고, 그 교훈의 본보기가 되고, 경험을 통해 교훈을 직접 실천하도록 이끈다. 《하버드 비즈니스 리뷰》에서 '강의'는 가장 비효율적인 교수법이라는 취지의 글을 읽은 적이 있다. 몸소 모범을 보임으로써 학생이 직접 관찰하고 경험하게 하면 학습 수준도 높아질 뿐 아니라, 기억에도 오래 남는다는 내용이었다.[15] 대학 학위는커녕 초등학교도 3년밖에 다니지 못한 아버지가 그걸 알고 계셨다. 자식들에게 영향을 주고 감화시킬 방법을 완벽히 이해하고 계셨던 것이다. 아버지는 남을 돕는 일에 관해 직접 본보기를 보이고, 우리에게 직접 참여하게 하여 다음과 같은 소중한 교훈을 배우도록 해주셨다.

1. 남을 돕는 행위를 통해 자신의 한계를 넘어설 수 있다. 이미 당신도 알아차렸을지 모르지만, 남을 돕다 보면 자신의 이익만 생각하기가 어려워진다. 동료를 돕기 위해 하는 사소한 행동은 커다란 도약의 출발섬이 된다. 자신이라는 틀에서 벗어나 참된 인간이 되기 위한 시작이 되는 것이다. 오늘날 우리 세계에 정말 필요한 사람이 있다면, 그건 바로 진정성이 몸에 배어 자연스럽게 드러나는 사람이 아닐까?

2. 남을 돕는 행위는 문화 속의 가치를 되찾게 한다. 우리 사회가

---

15   도로시 레너드Dorothy Leonard, 월터 스왑Walter Swap, 「딥 스마츠Deep Smarts」, 《하버드 비즈니스 리뷰Harvard Business Review》, 2004년 9월 1일

지금처럼 이미지를 중시하게 된 이유 중 하나는, 다른 사람을 돕는 일의 기쁨과 가치를 잃어버렸기 때문이다. 봉사는 기업과 개인 모두에게 필요하다. 먼저, 남을 돕는 일은 개인의 사회 공헌 욕구를 충족시키며, 동시에 가정, 지역 공동체, 조직, 파트너십을 되살린다. 또한 봉사는 우리는 모두 각자의 역할이 있고 서로가 서로에게 필요한 존재라는 사실을 상기시키고, 자기 자신의 이익보다 더 위대한 뭔가에 기여하고 긍지를 느낄 수 있다는 사실을 깨닫게 한다. 다른 사람을 위해 자신의 모든 에너지를 쏟아부은 하루의 끝에서는, 비록 몸은 피곤해도 말할 수 없이 뿌듯한 기분을 느낄 수 있다. 이기심으로 인해 망가진 현세대의 패러다임을 넘어서려는 그 어떤 노력도, 당신을 좋은 이미지를 남기는 사람이 아닌 선한 영향력을 미치는 사람으로 만들어줄 것이다.

3. 남을 돕는 행위는 긍정적인 에너지를 발산한다. 남을 돕는 사람을 보았을 때 우리 마음속에서는 어떤 일이 벌어질까? 리더는 봉사하는 사람이라는 인식이 퍼지면, 그 혜택은 사회 전체에 돌아간다. '자신이 하고 싶지 않은 일은 남에게도 시키지 않는다.' 이런 생각이 확산되면, 거기에서 매우 상한 에너지가 생겨난다. 또한 리더가 모든 노동은 가치 있으며, 시시하거나 보잘것없는 일은 없다는 태도를 보이면, 조직 구성원은 저절로 그 태도를 본받고자 하는 마음을 갖게 된다. 남을 돕는 일은 긍정적인 에너지를 발산하는 한편,

거리감, 소외감, 배타주의의 벽을 무너뜨리고, 선의와 동지애를 싹 트게 한다.

　우리 사회를 자세히 들여다보면, 왜 우리가 봉사하는 사람들로 이루어진 지역 공동체에서 멀어지게 되었는지 그 이유를 쉽게 추측할 수 있다. 우리는 선한 영향력을 주기보다는 좋은 이미지를 주고 싶어 하는 그런 문화 속에서 살고 있다. 묵묵히 일하는 참된 '봉사자'와 겉으로 보여주기 위한 '이미지'를 한 문장으로 엮기란 매우 어렵다. 현재 문화에서 사람들의 목표는 '봉사자처럼 보이는 것'이다. 세상에 시간과 돈이 남아도는 사람은 없고, 게다가 요즘에는 서로를 신뢰할 수도 없다. 그러니 남을 돕는 모습도, 그걸 표현하는 말도 다 사라진 것이다. 반면에, 우리는 멋있게 보이고, 똑똑한 사람처럼 말하고, 매력적인 모습을 강조하려고 애쓴다. 결국 목표는 사람들이 우리를 좋아하게 만드는 것이다.

　하지만 다른 사람을 돕는 생활 방식을 갖게 되면, 초점은 사람에게 맞춰진다. 당신의 노력이 별다른 주목을 받지 못하거나 아예 알려지지 않을 수도 있다. 봉사는 무대 위에서 행해지지 않는다. 창고나 뒷마당처럼 보는 사람이 아무도 없는 곳에서 행해진다. 벽장에서, 싱크대 밑에서, 컴퓨터 앞에서, 자동차 보닛 아래에서, 교회 부엌에서 이뤄진다. 남을 돕는 일을 뛰어나게 잘했다고 상여금과 성과급을 받거나 간부 수련회에 갈 기회를 얻는 일 따위도 생기지 않는다. 봉사를 잘하는 방법을 가르쳐주는 수업 같은 것도 없다. 다른 사람을 돕겠다는 사람을 생활정보지에서 무료로 광고해주지도 않는다. 사실 누군가 다가와 자청해서 우리를 도와주겠다고 하면 처음에는 깜짝 놀라고, 그다음에는 의심이 마구 고개를 쳐들 것이다. 한마디로, 봉사하는 사람들로 이루어진 지역 공동체는 군중의 환호, 현란한 조명과는 거리가 멀다. 남을 돕는 일은 무척이나 숭고하지만, 요즘처럼 스스로에 대한 이야기와 마케팅, 홍보, 전시로부터 이익을 얻는 데 익숙해진 시대에는 인기가 없다.

아버지는 그런 것과는 거리가 먼 사람이었다. 그의 본질은 늘 '돕는 사람'이었다. 밤낮을 가리지 않고 언제나 다른 사람을 돕던 그 모습을 나는 생생히 기억한다. 아버지가 남을 돕는 기준은 대가나 시간적 여유의 유무 같은 게 아니었다. "아들아, 항상 다른 누군가를 도울 수 있는 위치에 있거라. 도움이 필요한 사람을 찾는 게 네가 할 일이야. 다른 사람이 일어설 수 있게 돕는 일이 얼마나 큰 기쁨인지 너도 알게 될 거다."

아버지는 직접 모범을 보여 나를 이끌어주셨다. 말로 하지 않으셨다. 아버지는 머리와 손으로 일하셨지만, 그것을 시키는 것은 그의 가슴이었다. 돕는 사람의 마음이란 그런 것이다.

부모님은 코치님의 일을 도왔고, 이웃집의 빨래나 페인트칠, 농장 일을 거들 때도 있었다. 우리 형제는 그런 부모님의 모습을 지켜보며 자랐다. 그리고 어느 정도 자랐을 때에는 그 일에 동참하며 이웃을 돕고 공동체를 강화하는 소중한 경험을 쌓았다.

나는 초등학교 3학년 중퇴자에게서 배웠다. 남을 돕는 행위에는 이루 헤아릴 수 없을 만큼 큰 가치가 있다는 귀중한 교훈을 말이다. 남을 돕는 일은 명예롭고, 존엄성을 회복시켜주고, 지역 사회를 건고하게 만든다. 돕는 행위의 바로 이 본성이 이기적인 사고나 행동에 문제를 제기한다. 그렇게 되면 코치, 교육자, 기업의 임원, 종교 지도자가 조직을 구성할 때, 남을 돕는 사람인지 아닌지를 가장 중요한 요소로 고려하게 될 것이다. 조직의 근간에서 '나'가 사라지게 되는 것이다. 기업의 영업팀이든 교회 행정부든, 조직의 우두머리는 '나'를 넘어서도록 구성원들에게 영향을 주고 조직으로서 움직이는 것을 장려해야 한다. 그렇게 하면, 구성원들의 의견이 존중받고, 구성원들과 그들의 기여가 가치 있게 여겨지며, 오합지졸의 무리가 진정한 소직으로 거듭날 것이다. 한 사람, 한 사람이 서로를 도울 때 조직 전체가 발전한다.

2004년 대학 미식축구 시즌이 막 시작됐을 때, 텍사스 A&M팀의 감독 데니스 프랜치오니Dennis Franchione는 유니폼 상의 뒷면에 선수들의 이름을 넣지 않기로 했다. 선수들이 상의 앞면의 팀 이름을 걸고 하나로 똘똘 뭉쳐 싸우기를 바랐기 때문이다. 프랜치오니 감독이 선수들에게 전하려 했던 메시지는 이런 것이었다. "우리는 각자의 영광스러운 자리를 차지하기 위해 뛰는 개인들의 집단이 아니다. 우리는 서로를 위해 그리고 우리 학교를 위해 뛰는 하나의 팀이다." 프랜치오니 감독의 결정은 분명 선수들에게 평생 기억에 남을 만큼 강한 인상을 주었을 것이다. 세상에 자신의 힘만으로 성공하는 그런 사람은 없다.

땅 위의 모든 사람은 팀의 일원이다. 우리가 서로를 필요로 한다는 것은 가장 기본적이고 본질적인 진리다. 그 미식축구 선수들은 젊은 시절 짧은 한순간에, 인생에서 얻는 모든 성공은 사람과 사람이 서로를 돕는 일에서 자라나온 열매라는 사실을 깨달았을 것이다.

당신도 성공의 순간을 잠시 되돌아보길 바란다. 이제 원하는 일을 성취하도록 도움을 준 사람들을 떠올려보라. 그 사람들이 시간과 노력을 들여 도와주지 않았다면 당신의 성공은 불가능했을 것이다. 인생에서 더 많은 성공을 거두길 원하는가? 그렇다면 다른 사람을 도움으로써 성공의 씨앗을 미리 뿌려두라. 그리하면 삶에서 더 큰 목적을 발견하고 더 큰 보상을 받게 될 것이다. 자존감이 더 높아지게 되고, 이렇게 높아진 자존감은 남을 돕는 일을 더 많이 하도록 스스로를 부추기게 될 것이다. 무엇보다 당신은 '우리 모두는 다른 사람을 돕는 사람'이라는 강한 공동체 의식을 되살아나게 할 것이며, 그 공동체 의식이 이웃을, 미식축구팀을, 교회를, 회사를 강하고 생동감 넘치고 가치 있게 만들 것이다.

아버지는 매우 현명한 분이었다. "아들아, 항상 다른 누군가를 도울 수 있는 위치에 있거라." 안타깝게도, 내가 이 말을 이해하기까지는 40년이 넘는 긴 시간이 걸렸고, 대학 학위도 세 개나 필요했다.

이 말에 다음과 같은 심오한 뜻이 담겨 있음을 진작 깨달았더라면 얼마나 좋았을까.

　인류를 도울 방법을 찾다 보면, 네 주변에 가치라는 게 자연스럽게 쌓이게 될 거다. 그런 놀라운 기회를 놓치지 않길 바란다. 세상에 격에 맞지 않는 일이란 없고, 제대로 마무리 짓지 않고 내버려 둘 만큼 하찮은 일 따위는 없단다. 이 사실을 명심해야 한다. 네가 도울 수 있는 사람이 있나 주위를 둘러보거라. 남을 도우면 그 만족감으로 더 큰 에너지를 얻고, 좋은 추억이 생기고, 즐거운 경험도 하게 되니, 인생이 얼마나 더 풍요로워지겠니? 다른 것보다도, 도움을 받은 사람이 고마워하며 네게 경의를 표하고 축복을 빌어줄 거야. 내 아들아, 아래로 손을 뻗어 다른 사람을 끌어주는 것만큼 더 큰 소명은 없단다. 『성경』 말씀에도 늘 남을 도우라고 하잖니? 남을 돕는 것은 반드시 실천해야 하는 일이고, 요즘 같은 시대에 특히 더 필요한 일이야. 항상 시간을 내서 다른 사람을 돕기 바란다.

　아버지에게 전문적인 지식이나 학식은 없었을지 모른다. 하지만 아버지는 더 위대한 뭔가를 가지고 계셨다. 그는 경험을 통해 지혜를 얻으셨다. 그에게 가장 큰 기쁨의 근원 중 하나는 다른 사람을 도와주는 것이었다. 이런 사실은 그의 삶이 증명한다.

    이것이 초등학교 3학년 중퇴자로부터 내가 배운 소박한 교훈 중 하나다. 이 교훈을 실생활에 부단히 적용한다면, 우리는 어느새 가정에, 교회에, 직장에, 지역 사회에 그리고 세계에 선한 영향력을 미치게 될 것이다.

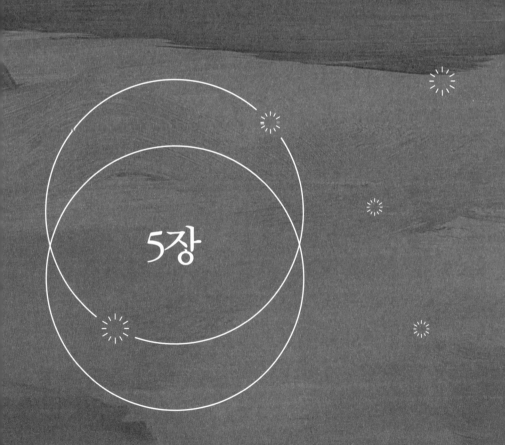

5장

일을 하려거든
제대로 해라

The Old Wisdom

최선을 다하지 않을 바엔 하지 않는 게 낫다

아버지의 삶에는 눈에 띄는 특징이 하나 있다. 그것은 평범함을 거부하고 매사에 완벽해지려는 성향이 집착에 가까웠다는 점이다. "아들아, 네가 뭔가 해야 한다면 반드시 제대로 해내야 한다." 더 이상의 말은 필요 없었다. 아버지는 행동이 굼뜨고 게으른 사람을 싫어하셨고, 그저 그런 수준의 적당한 일 처리를 못마땅하게 여기셨다. 무슨 일을 하든 그 일에 자긍심을 가질 수 있어야 한다고 말하곤 하셨다. 최선을 다하지 않은 일에 과연 우리는 자긍심을 느낄 수 있을까? 아버지는 이 부분에 있어서만큼은 절대 타협하지 않으셨다. 지름길도 없었다. 기준을 겨우 통과한 선수는 금메달을 딸 수 없고, 일을 먼저 마치기만 해서는 특등급 마크를 받을 수 없다는 게 아버지의 생각이었다. 그는 이렇게 무슨 일이든 훌륭하게 처리하는 것을 기본으로 여겼다. 그래서 어린 시절 우리 형제는 제대로 노력하지 않으면, 아버지가 지닌 탁월함의 기준을 만족시킬 때까지 같은 일을 계속 반복해야 했다.

'탁월함' 하면 가장 먼저 떠오르는 것은 1968년 3월 마틴 루터 킹 주니어Martin Luther King, Jr목사가 했던 유명한 연설이다. 그 연설을 하고 한 달 후, 킹 목사는 테네시 주 멤피스에 있는 로레인 호텔 발코니에서 암살당했다.

당시 멤피스에서는 부당한 대우를 받던 흑인 청소노동자들이 파업을 벌이고 있었는데, 그 소식을 들은 킹 목사가 그들을 지원하기 위해 그곳을 방문하고 있었다. 킹 목사는 청소노동자들에게 근무 환경과는 별개로, 최고 수준의 탁월함에 도달하기 위해 노력하라며 도전의식을 일깨웠다.

> 모든 노동은 가치 있습니다. 만약 여러분이 도로 청소부라면 미켈란젤로Michelangelo가 그림을 그리듯 거리를 비질하십시오. 베토벤Beethoven이 음악을 작곡하듯 거리를 비질하십시오. 셰익스피어Shakespeare가 시를 쓰듯 거리를 비질하십시오. 하늘의 천사들이 여러분을 보고 "저기 위대한 거리 청소부가 가는구나!"라고 말할 정도로 혼을 담아 거리를 비질하십시오.

이때 킹 목사가 청중들에게 말하지 않았던 사실에 주목하면 이 연설은 더욱더 흥미롭다. 로마 바티칸의 시스티나 성당 천장 밑에 매달려 걸작을 탄생시킨 미켈란젤로는 시력이 망가져 사실상 잘 보지 못했고, 베토벤 역시 귀가 먹어 제대로 듣지 못했다.

여기서 드러나는 놀라운 원칙 한 가지가 있다. 진정한 위대함은 종종 약점을 딛고 완성된다는 것이다. 도전해야 할 과제와 여러 가지 문제가 산적해 있고 극단적인 상황에 부닥쳤음에도 불구하고, 미켈란젤로와 베토벤은 둘 다 세상에 큰 영향을 미쳤다. 그리고 그 영향력은 세대를 넘어 지금까지도 이어지고 있다. 그들은 신체적 장애를 핑계 삼아 평범한 수준의 결과물을 만들어내지 않았다. 젠센 프랭클린Jentzen Franklin 목사는 이런 원칙에 대해 "자신의 결점을 극복하고 뛰어넘겠다는 확고한 믿음만 있다면, 가장 불리한 단점에도 가장 위대한 자산이 될 가능성이 잠재되어 있다"라고 말하기도 했다.

일을 할 때는 상황이 아니라 탁월함에 초점을 맞춰야 한다. 아버지가 내게 가르쳐주시려 했던 원칙은 바로 이것이었다. 아버지는 모든 일을 할 때 이 원칙을 따르셨다. 우리 집에는 페인트칠을 제대로 할 수 있는 고급 도구들이 없었지만, 일단 페인트칠을 하라는 명령이 떨어지면 꼼꼼하고 세심하게 주의를 기울여 작업을 해야 했다. 좋은 브랜드의 트랙터나 잔디 깎이 기계도 없었지만, 정원 일을 하는 데는 항상 기준이 있었고, 아버지의 기준이 어느 정도인지 우리는 잘 알고 있었다.

나는 오늘날 자녀들에게 탁월함을 가르치는 아버지, 어머니가 과연 있기는 한지 의심스럽다. 우리가 물질을 좇는 데만 정신이 팔린 나머지 정말 중요한 것을 무시하는 실수를 범하고 있지는 않는가? 미디어를 연구하는 할 힘멜스타인Hal Himmelstein 교수가 조사한 바에 따르면, 평균적인 미국 가정에서 텔레비전을 켜놓는 시간은 하루에 7시간이나 된다고 한다.[16] 저널리스트이자 작가인 에릭 슐로서Eric Schlosser는 한 아이가 18세가 될 때까지 텔레비전을 시청하는 시간은 평균 2만 5000시간 정도고, 그동안 텔레비전 광고는 3만 건 이상을 보게 된다는 연구 결과를 발표하기도 했다.[17] 우리 아이들을 가르칠 의무를 텔레비전 스타, 영화 제작자, 비디오 게임 개발자에게 맡긴다는 게 있을 수 있는 일인가? 우리 아이들이 탁월함을 배울 데가 이런 곳뿐이란 말인가?

텔레비전 프로그램과 비디오 게임을 탓하는 일은 그만두어야 한다. 이제는 우리가 용기를 내 관심을 갖고 시간을 투자할 때다. 입으로만 탁월함을 말하지 말고, 행동으로 보여줄 때다. 만약 우리 아이들의 교육에 대안이 필요한 때가 있다면 바로 지금이다.

한번은 캘리포니아 주 스톡턴의 한 교육 기관에서 옳지 못한 행동으로 퇴학 위기에 놓인 '문제' 고등학생들을 위해 강연을 해달라는 요청을 받은 적이 있다. 관계자들은 이들에 대해 오래 고민한 끝에, 이들이 더 나은 진로를 선택할 수 있게 도와주는 동기 부여 프로그램을 만들어 강연자들을 초청했다. 나는 2년에 걸쳐 이곳에 가서 두

---

16   할 힘멜스타인, 『텔레비전 신화와 미국의 정신Television Myth and the American Mind』, 프레거 출판사Praeger Publishers, 1984
17   에릭 슐로서, 김은령 옮김, 『패스트푸드의 제국Fast Food Nation』, 에코리브르, 2001

번의 강연을 했는데, 두 가지를 사실을 깨닫고 무척 놀랐다. 첫 번째로 나를 놀라게 한 것은 이런 청소년의 대다수가 매우 똑똑하고 총명하다는 사실이었다. 문제 학생과 일반 학생 사이에는, 그들의 의사결정 과정에 영향을 미칠 수 있는 책임의식이 있느냐 없느냐 하는 차이밖에 없었다. 그들은 나쁜 친구들과 어울리고 그릇된 선택을 했다. 아무리 자기가 선택한 삶이라고 하지만 너무 내키는 대로 살고 있었다.

두 번째 사실은 나를 더욱 당황스럽게 했다. 이 청소년들이 학교의 '주류' 프로그램에서 교육을 받는 학생들과 별반 다르지 않았던 것이다. 그들은 믿을 만한 진짜 어른을 찾고 있었다. 그들에게는 귀감이 될 만한 롤 모델이 필요했다. 이 아이들은 어리석지 않았다. 단지 우리 사회의 위선이 싫었던 것뿐이었다. 그들은 정작 본인은 실천하지 않으면서 입으로만 떠드는 어른들의 잔소리에 염증을 느끼고 있었다.

스스로 자신이 가진 탁월함의 기준에 점수를 매긴다면 10점 만점에 몇 점을 주겠는가? 탁월한 삶을 삶기 위해 오늘도 매 순간 있는 힘을 다했다고 말할 수 있는가? 아리스토텔레스Aristotle는 말했다. "당신은 자신이 반복해서 한 행동의 결과다. 그러므로 최선은 한 번의 행동으로 그칠 것이 아니라 습관이 되어야 한다." 한 번의 행동으로 탁월함을 보여주는 데는 그리 큰 노력과 에너지가 필요하지 않다. 좋은 이미지를 남기기만을 바라는 피상적인 사회에서는 그냥 탁월하게 '보이기만 하는' 것도 용인된다. 여기서 문제는, 탁월함을 겉으로 보여주기만 하는 사람들은 주위에 좋은 영향을 미치지 못한다는 것이다. 그 결과는 문제 아이들로 나타난다. 주위를 둘러보자. 그런 문제아들은 초등학교 교실부터 대학 강의실까지, 사회 곳곳에서 발견된다. 보여주기보다는 본질에 집중했던 이전 세대의 가치와 다시 만나야 할 때라고 생각하지 않는가? 지금 우리 아이들, 학생들, 직원들, 리더들에게는 대안 교육이 그 어느 때보다 절실히 필요하다. 지나간 세대의 귀중한 지혜로부터 얻을 수 있는 그런 종류의 교육 말이다.

우리는 지역 공동체의 어른들에게 다시 안내자의 위치에 서달라고 요청해야 한다. 앞으로 우리가 가야 할 곳을 먼저 가본 이들에게서 풍부한 지혜를 얻을 수 있을 것이다. 아내가 세상을 떠났을 때, 나를 가장 많이 도와줬던 사람들은 비슷한 길을 먼저 걸어본 이들이었다. 그때 그들이 해준 말에 얼마나 큰 위로를 받으며 의지했는지 모른다(지금까지도 그렇다). 그들이 나눠준 지혜는 '죽음의 어두운 골짜기valley of the shadow of death'[18]를 가보지 않은 사람은 절대 알 수 없는 그런 종류의 지혜였다.

우리에게는 세상을 산다는 게 어떤 건지 말해줄 수 있는 사람이 필요하다. 다음과 같은 어느 대학 졸업식의 축사는 참 많은 것을 생

---

18   「성경」 「시편」 23편에 나오는 표현—옮긴이

각하고 깨닫게 한다.

성공하고 싶습니까? 그렇다면 "학교 교육 따위로 진짜 배움이 방해받는 일은 없게 하라"라고 말했던 마크 트웨인Mark Twain의 충고를 따르십시오. 졸업생 여러분, 여러분의 진짜 배움은 이제부터 시작입니다! 제가 알려드리고 싶은 첫 번째 교훈은 이것입니다. 현명한 멘토를 찾으십시오. 반드시 어느 정도 좌절과 실패를 겪고 낙담해본 경험이 있는 사람을 멘토로 삼으십시오. 왜냐하면 지혜는 거친 시련 없이는 얻어지지 않기 때문입니다. 그 사람과 가능한 한 오래 함께하십시오. 배우고, 성장하고, 번영해나가십시오!

누구나 막다른 골목에 몰리면 주저앉을 것인지, 아니면 일어설 것인지 선택의 기로에 서게 된다. A&M 미식축구팀의 코칭스태프로 함께 일했던 한 동료는 "어떤 사람의 머릿속에 뭐가 들었는지 알고 싶으면 그 사람을 흔들어보면 된다"라고 말하곤 했다.

사람들은, 세대가 거듭될수록 탁월함의 기준이 점점 내려가고 있다고 말한다. 내가 막상 대학에서 학생들을 가르쳐보니, 꽤 훌륭한 학생들조차도 어느 정도 성적을 얻거나 뭔가를 성취하면 대부분 거기서 만족한다는 사실을 알게 됐다. 많은 사람들이 일을 잘하고 싶어 하지만, 이것은 큰 대가를 치르지 않는 한 유효한 얘기다. 학기

중 교수들이 많이 듣는 '학생들의 말'을 한번 살펴보자.

- 어떻게 하면 C학점을 받을 수 있나요?
- 교수님 수업은 정말 힘든가요?
- 쪽지 시험이 있나요?
- 학기 말 리포트를 써야 하나요?
- 수강 취소 마감은 언제까지죠?

어린 학생들의 이런 걱정을 한심해하기 전에, 빌딩 숲 사이에서 자주 들려오는 회사원들의 한숨 섞인 말들도 한번 들여다보자.

- 더 나은 기회가 올 때까지만 여기서 버티는 거야.
- 일을 하든 그냥 앉아만 있든 받는 월급은 똑같은걸, 뭐.
- 새로운 변화를 일으킬 생각은 없어. 괜한 평지풍파 일으키지 말자.
- 난 여기서 시간을 좀 벌려는 것뿐이야.
- 은퇴 후를 생각해서 그냥 다니는 거야.
- 이건 그냥 일일 뿐이야. 얻는 게 있으면 잃는 것도 있는 거지.

이런 말들에 대해 곰곰이 생각해보자. 어린 학생들은 노력에 대해 뭐라고 말하고 있는가? 직장인들은 힘든 노동의 가치에 대해 뭐라고 말하고 있는가? 탁월함의 가치는 어디에 있는가? 일을 제대로 해내는 원칙이 갖는 가치는? 확실히 요즘 사람들은 자부심이 생기는 일을 하는 것을 목표로 하지 않는 듯 보인다. 최선을 다해 노력하는 것을 목표로 삼지 않는다. 전설의 미식축구 감독 빈스 롬바르디_{Vince Lombardi}가 강조했던 것과는 정반대의 모습이다.

최고가 되기 위해 최선의 노력을 했던 롬바르디의 습관은 그린 베이 패커스_{Green Bay Packers} 팀 감독으로서 화려한 업적을 쌓던 시절에 생긴 것이 아니다. 포드햄 대학교에서 여섯 명의 다른 라인맨과 함께 '철벽 방어 7인'이라는 명성을 얻으며 실력을 뽐내던 시기에 생긴 것도 아니다. 롬바르디 감독은 오래된 가톨릭 학교인 세인트 프랜시스 사립학교 미식축구팀에서 뛰던 시절에, 완벽을 추구할 때 느낄 수 있는 엄청난 기쁨을 처음 맛보았다. 롬바르디의 전기를 쓴 작가 데이비드 마라니스_{David Maraniss}는, 롬바르디가 고등학교 시절 사립학교 미식축구 대회에 출전하여 짜릿한 전율을 느낀 그 순간에 대해 다음과 같이 기록했다.

하지만 그 시즌, 빈스 롬바르디에게 가장 인상적인 순간은 당시 연승을 이어가며 승승장구하던 에라스뮈스홀 공립 고등학교 미식축구팀과의 경기가 종료된 시점에 찾아왔다. 세인트 프랜시스팀은 굉장한 실력을 갖춘 쿼터백 시드 럭맨_{Sid Luckman}이 이끄는 에라스뮈스팀을 맞아 13 대 0으로 완패했다. 경기 도중 롬바르디는 서너 차례 럭맨과 세차게 몸을 부딪치며 방어했지만, 경기가 끝난 후에는 패배자가 됐다는 것 외에 다른 생각은 할 수 없었다. 그리고 훗날 그가 '라커룸의 깨달음'이라고 묘사한 순간이 찾아왔다. 잔디와 먼지로 더러워진 유니폼을 입은 채 기운이 다 빠져 벤치에 주저앉아 있을 때, 그는 기이한 어떤 감정이 온몸을 휘감는 것을 느꼈다. 그동안 어떤 경기에서도 이런 기분을 느껴본 적이 없었다. 그는 자신이 위대한 선수는 아니지만 최선을 다했고 열심히 싸웠다는 사실을 알고 있었다. 그리고 경기장 위의 누구도, 아무리 덩치가 크고 빠른 선수일지라도 두렵지 않다고 생각했다. 그는 누구와도 맞붙어 싸울 자신이 있었고, 또 한편으로는 왜 다른 선수들이 가능한 한 힘껏 부딪쳐보지 않는지 잘 이해가 되지 않았다. 그는 피로했고 화가 났고 속이 상했지만, 다시 한번 제대로 맞붙어 보고픈 열의가 마구 샘솟는 것을 느꼈다. 그리고 이 모든 감정이 사그라지자 사기로 활활 불타오르는 자신의 모습에 스스로도 깜짝 놀랐다.[19]

롬바르디 감독의 이야기에는 시간을 초월한 소중한 가치가 살아 숨쉬고 있다. 우리의 현재 문화에도 그런 가치가 스며들어야 한다. 일을 제대로 하는 데 자부심을 느끼던 사람들은 도대체 다 어디로

---

19 데이비드 마라니스, 「긍지가 여전히 중요할 때: 빈스 롬바르디의 삶When Pride Still Mattered: A Life of Vince Lombardi」, 사이먼 앤드 슈스터Simon and Schuster, 1999, 30쪽

간 걸까? 최선을 다했다는 사실을 자각하며 기뻐하던 사람들에게 무슨 일이 일어난 걸까? 당신은 자신이 하는 일에 긍지를 느끼는가? 일을 제대로 하는 과정에서 기쁨을 찾겠다고 마음먹는다면 우리의 이력은 과연 어떻게 달라질까? 지금 우리는 너무 결과 지향적인 사회에 살고 있어서, 일하는 과정에서 느끼는 즐거움을 자주 잊고 만다. 롬바르디가 경험한 라커룸의 깨달음은 우리 삶의 기준을 더 높은 수준의 탁월함으로 끌어올리라는 단순한 교훈을 주고 있다. 지금이야말로 이 교훈에 대해 생각해볼 때가 아닐까?

현재 자신의 위치가 기업체의 임원이든 혹은 교육자든 학생이든, 이제 탁월함을 추구하지 않는 그런 삶을 살아서는 안 된다. 앞에서 소개한 요즘 대학생들의 학습 태도는 사회 교육 수준의 양분화가 얼마나 심각한지 보여주는 사례기도 하다. 우리 사회의 교육 시스템이 퇴보하고 있는 현실을 지적하는 뉴스가 자주 눈에 띄고, 문맹률이 급증하고 있다거나 교단을 떠나는 교사들이 늘고 있다는 기사[20]가 매일같이 쏟아지고 있다. 우리는 단순히 인종, 경제, 정치, 종교적 차원에서뿐 아니라, 지성의 차원에서도 양극화된 사회로 빠르게 변화하고 있다. 지성은 우리보다 앞서 살아온 사람들의 지혜와 통찰

---

20 《USA 투데이》, 2005년 8월 17일. 이 기사는 여름방학 이후 교실로 돌아오지 않는 교사의 수가 증가하고 있는 현실을 집중 조명하며, 한 교사의 말을 인용해 교사가 아이들의 마음을 움직이기가 점점 어려워지고 있다고 전했다.

력, 지식이 합쳐진 것으로, 한때 새로운 세대의 정신적 기반이 되어 주었다. 그런 지성을 물려받아야 우리는 제대로 된 직업의식을 갖고, 단순히 월급과 복지 혜택을 뛰어난 일 처리의 근본 동기로 여기지 않을 것이다. 그런 지성이 있어야 사람들은 일할 기회가 주어진 것에 감사하며, 고마운 마음과 겸손한 자세로 일에 임한다. 그런 지성을 배워야 회사원들은 자신의 임무나 직위와 관계없이 정직과 성실을 명예롭고 숭고한 것으로 여기게 된다.

아버지 세대는 열심히 일하는 것을 가치 있게 여기고, 옳은 방식으로 일하는 데 자부심을 느낀 사람들의 모습을 전형적으로 보여준다. 당시 노동자들에게는 일터를 위대하게 만드는 몇 가지 특성이 눈에 띄는데, 우리는 그 특성에 주목하고 현대 사회에서 부활시켜야 한다. 이런 특성 중 가장 기본이 되는 것 두 가지를 꼽는다면, 바로 경청하는 습관과 배우려는 태도다.

듣기와 경청하기의 차이

위대함에 우연이란 있을 수 없다. 대개 위대한 사람은 삶을 능숙하게 살아나가기 위해 끝없는 절제와 수련을 통해 노력했을 가능성이 크다. 이런 점을 생각하면 그리 놀랄 일도 아니지만, 위대한 사람을 규정하는 특징 가운데 하나는 듣는 훈련이 잘되어 있고 경청의 원칙을 철저히 지킨다는 것이다. 오랜 시간 대학을 비롯한 여러 기관에서 커뮤니케이션 방법을 가르쳤던 사람으로서 자신 있게 말할 수 있는데, 남의 말을 듣는 것과 경청하는 것 사이에는 분명한 차이가 있다. 듣는 것은 다소 자연스럽게 일어나는 기계적인 과정이다. 그렇기 때문에 듣는 것은 아무리 잘해도 수동적일 수밖에 없다. 듣는 것에는 기술이 필요하지 않고, 축적된 지식이나 특별한 훈련이 요구되지도 않는다. 우리는 텔레비전이 켜져 있거나 샤워기에서 물이 쏟아지는 동안, 여러 일을 동시에 처리하면서도 이 소리들을 '듣는다.' 그래서 우리는 '들으면서도' 그렇게 많은 정보를 그냥 놓치는 것이다. 심리학자 도린 다우닝Doreen Downing은 이렇게 말했다. "음악을 들으면 음악이 지금 흘러나온다는 사실을 알 수 있지만, 음악을 주의 깊게 들으면 곡에 담긴 의미를 알 수 있다."

　가장 기본적인 커뮤니케이션 이론에 따르면, 커뮤니케이션은 두 가지 서로 다른 체계에서 이루어진다. 즉 내용적 수준과 관계적 수준에서 이루어지는 것이다. 내용적 수준에서는 메시지를 이루는 말들의 사전적인 의미가 전달된다. 한편 관계적 수준에서는 화자가 지닌 권력의 위치, 다시 말해 주도권을 쥔 사람과 그렇지 않은 사람이 드러난다. 이를테면, 누가 상급자고 하급자인지를 기준으로 메시지가 해석될 수 있는 것이다. 뭔가를 '듣기만' 한다면, 우리는 내용을 이해하고, 분류하고, 통제하는 데 실패할 가능성이 크다. 듣기만 하면 관계적 수준이 반영된 어조에 집중하게 되는데, 그것은 정확히 메시지를 대표할 수도 있지만 그렇지 않을 수도 있기 때문이다.

반면에, 경청하기는 메시지를 수집하고, 저장하고, 활용하는 능동적인 과정이다. 능동적인 듣기에는 생각하기, 불필요한 정보를 걸러내 완전히 이해하기, 다른 말로 바꾸어 표현하기, 집중하고 기억하기, 반응하기가 모두 포함된다. 능동적인 듣기는 언어적인 요소와 비언어적인 요소로 구성된다. 능동적인 듣기를 훈련한 사람은 직장에서뿐 아니라 직장 밖에서 주위 사람들과 관계를 맺을 때도 매우 유리하다. 듣지 않고 자기 말만 계속하는 사람에게 과연 지혜를 얻을 기회가 생길까? 예전에 부모님의 침실에 걸려 있던 작은 액자에는 이런 글귀가 적혀 있었다. "물고기도 입만 잘 다물고 있으면 낚싯바늘에 걸리지 않는다!" 요란하게 떠들어대지 않고 조용히 경청하는 것만으로도 많은 것을 배울 수 있다. 현명한 사람들에게서 엿볼 수 있는 다음과 같은 특성들을 기억하자.

- 천천히 말한다.
- 들을 때는 재빠르다.
- 항상 생각한다.
- 모든 메시지를 면밀히 검토한다.
- 신중하고 사려 깊게 대답한다.
- 쓸데없는 말은 하지 않는다.
- 자기 생각을 고집하기 위해 말하지 않는다.

- 좋은 이미지를 남기기 위해 말하지 않는다.

- 꼭 필요할 때만 말한다.

- 지식을 전달하기 위해 말한다.

- 다른 사람의 이해를 돕기 위해 말한다.

- 말을 하는 근본적인 목적은 이해시키는 것이다.

- 두 번째 목표는 정보를 공유하는 것이다.

이것은 초등학교를 3년도 채 다니지 못했으면서 세상 그 누구보다 지혜로웠던 나의 아버지, 로저 릭스비의 특성들이다. 어떻게 그게 가능했을까? 아버지는 인생의 어느 시점에서, 성공으로 가는 열쇠는 적극적인 경청이라는 사실을 깨달으셨던 것 같다. 어쩌면 텍사스 주 시골 동네에서 자라면서 잘 듣는 습관을 갈고닦았는지도 모르겠다. 청소년기를 보내며 글을 읽고 쓰지 못하는 자신의 결점을 상쇄시키려고 적극적으로 듣기 전략을 구사했던 것일 수도 있다. 아니면, 군대 복무 기간 동안 자신이 믿을 능력은 잘 듣는 것밖에 없다고 여기기셨던 것일지도 모른다. 어쩌면 캘리포니아 해양 대학교에서 요리사로 일하면서 학력이 약점으로 작용할까 봐 듣는 능력이라도 전문가급으로 갖춰야겠다고 생각하신 것일 수도 있다. 아마도 필리핀과 파나마 같은 외국의 여러 기항지에 가게 될 때마다 새로운 문화를 배워야 한다는 두려움도 크셨으리라. 그 두려움을 극복하기 위해서라도 아버지는 더 많은 기술을 익히려 하셨는지 모르겠다.

어떤 배경에서 능동적인 듣기 능력을 키우게 되셨는지는 몰라도 아버지는 진정 경청의 대가였다. 살면서 다양한 분야에서 만났던 정말 괜찮은 사람들을 떠올려보라. 연봉이나 사회적 지위, 재산이 아닌 자기 분야에서 최고가 되려는 순수한 욕구가 남달랐던 사람들을 생각해보라. 그런 사람들은 인내심이 강하고, 결단력과 통찰력이 있고, 탁월함을 추구하는 성향이 매우 강하다는 공통점을 가지고 있을 것이다. 그리고 이런 사람들은 남의 말을 귀 기울여 듣는 것을 좋아하고, 그렇게 해야 하는 이유도 정확히 알고 있다. 정보를 제대로 이해하면 여러 가지 면에서 유리하고, 기회가 생기고, 승진할 수 있고, 부와 지혜를 얻을 수 있다는 것을 알고 있는 것이다.

환경으로 인한 어쩔 수 없는 선택이었는지 개인적인 성향이었는지는 알 수 없지만, 아버지는 늘 다른 사람의 말을 경청하셨다. 그는 말하기보다 듣는 걸 좋아했다. 가족들 중에서도 가장 말수가 적었다. 하지만 한번 입을 열면 버릴 말은 하나도 없었다. 잘 듣는 사람만 할 수 있는 말이었다. 듣는 것은 말하는 것보다 좋은 점이 더 많고, 아버지는 이 사실을 잘 알고 계셨다. 그렇기에 지혜가 담기지 않은 말은 하지 않으셨다. 지혜는 아버지의 평생의 친구이자 동반자였다. 지금 생각해보면, 아버지는 다른 사람의 말을 경청하려는 바람과 능력 덕분에 남다른 지력과 식견을 얻게 되셨던 것 같다. 경청은 아버지라는 존재를 특징짓는 정수 그 자체였다.

평범이라 불리는 적

성급하게 일반화할 수는 없겠지만, 대학에서 오래 강의하면서 요즘 학생들은 학문을 닦기 위해 대학에 다니는 게 아니라는 느낌을 종종 받았다. 물론 모두 그렇다는 건 아니지만, 20년이라는 긴 시간 동안 만난 학생들 대부분은 배움보다는 학위를 더 중요하게 여기는 것처럼 보였다. 그런 현상의 가장 큰 희생자는 당연히 학문 그 자체가 될 터였다. 우리는 놀라울 만큼 총명한 젊은이들을 길러냈지만, 그들은 번지르르한 겉모습에 환호하는 문화 속에서 즉각적인 만족감에 길들었고, 자기 자신에게만 관심이 있는 이기적인 영웅들에 익숙해져 버렸다.

　텔레비전은 포기할 때 생기는 결과는 짐짓 모른 척하면서 삶은 그저 쉽고 재미있는 것이라고 가르치고 있다. "정말로 열심히 일할 필요 없어. 대신 열심히 일하는 것처럼 시늉만 하면 돼." 이렇게 간접적으로 말하는 메시지는 더욱 치명적이다. 부모라면 아이에게 힘들고 어려운 일이 생겼을 때 응당 스스로 책임지고 다시 일어나 배우도록 용기를 주어야 하는데, 응석이나 받아주고 칭찬만 해준 탓에 나약한 아이들이 많아졌다. 이제 학생들의 머릿속은 4년이 지나면 '꿈의 직업'에 안착해야 한다는 압박감과 엇갈린 신호로 가득하다. 그러다 보니, 분위기를 살피고 선배들에게서 정보를 얻어서 그저 점수 따기 쉽고 이름이 많이 알려진 교수의 과목을 선택해 수강한다.

평생 도움이 될 지식을 넓고 깊게 배울 기회가 널려 있는데도 그걸 다 낭비하고 있는 셈이다. 학생들의 목표는 교육을 통해 지식을 얻는 것이 아니라, 학교라는 곳에서 점수 잘 따는 법을 배우는 것이 되었다. 그들은 학문이라는 미로에서 남들이 다 가는 길로만 따라가며 사오 년을 보낸다. 주위 사람들은 "어떻게든 학위만 따면 되는 거잖아", "정신 똑바로 차리고 학점 잘 받을 생각만 해", "리포트는 그냥 써서 내" 같은 말로 그런 태도를 부추긴다. 요즘 많은 CEO가 대학 졸업생 가운데 좋은 인재를 찾기가 점점 어려워지고 있다고 토로하는데, 왜 그런 말들을 하는지 알 것도 같다.

한편, 오늘날 회사에서는 직장인들도 보통의 결과물에 만족하다 보니 여러 문제가 생기고 있다. 작가 존 메이슨이 출간한 책의 제목이 '평범이라 불리는 적[21]'이라는 것을 들었을 때, 요즘 세태를 제대로 간파한 내용을 담고 있을 것이라는 생각이 들었다. 이 책에서 메이슨은 미국 사회의 가장 큰 문제는 평범함을 장려하고 찬양하려는 부조리한 생각이라고 주장했다. 그런 마음가짐이 미국 문화에서 위대함을 억압하고 탁월함을 무력화한다는 그의 논지는 단순하면서도 매우 설득력이 있다.

뭔가를 배우고자 하는 욕구와 탁월한 결과물은 하나로 이어져

---

21   앞서 나왔듯이, 국내에서는 『크리스천 생활백서』라는 제목으로 출간되었다.—옮긴이

있기에, 욕구가 사라진다면 좋은 결과물을 기대하기 어렵다. 그런데 오늘날에는 학교 교육으로 인해 진짜 배움이 방해받는 일이 너무 흔해졌다. 학습 그 자체보다 제도나 기관을 우위에 둔다면, 당연히 탁월한 결과도 얻기 힘들 것이다.

이런 일은 비단 교실에서만 일어나는 문제가 아니다. 최근 나는 한 회사의 최고 경영진들이 모여 회사의 주요 사안을 논의하는 자리에 강연자로 초청받아 간 적이 있다. 약속 시간보다 미리 도착해 회사 간부들이 원탁회의를 하는 모습을 옆에서 지켜보았다. 그때 부사장 가운데 한 사람이 깜짝 놀랄 만한 통찰력을 가지고, 직접적이면서도 간단명료한 어조로 이런 말을 했다. "우리 회사의 문제는 사람보다 조직을 우위에 놓았기 때문에 생긴 것입니다." 위대한 기술이 반드시 위대한 회사를 만드는 것은 아니다. 우리 부모님들은 이 점을 잘 이해하고 계셨다. 이제 우리도 우리 시대의 가치에 대해 다시 생각해야 한다.

아버지에게서 배운 교훈은 내가 무언가를 시도할 때마다 나를 지탱해주는 버팀목이 되어주었다. 미식축구 경기장에서든 또는 연단 위에서든 나는 부모님, 특히 아버지에게서 배운 지혜에 크게 의존했다. "아들아, 일을 제대로 하지 못하는 건 차라리 안 하느니만 못하단다." 일을 제대로 하기보다 제대로 한 것처럼 보여주기를 좋아하는 사회를 살다 보니, 아버지의 그 말씀에서 더욱 깊은 감명을 느끼게 된다.

아버지는 무슨 일이든 최선을 다해야 한다고 굳게 믿으셨다. 최선을 다한다는 말은 곧 과정에 주목한다는 의미였다. 탁월함에 관련하여 아버지의 지혜를 한 문장으로 표현한다면, 아마도 이런 말이 되지 않을까 싶다. '지금 당장 최선을 다하는 데만 온전히 집중하고, 멈추지 마라!' 그렇게 하는 주된 목적은 그냥 일을 빨리 끝내기 위해서가 아니다. 1등이 되기 위해서도 아니다. 오로지 최선을 다하는 게 근본적인 목적이다. 미식축구 코치 아무나 붙잡고 물어보라. 열이면 열, 하나같이 노력이 결과보다 훨씬 중요하다고 말할 것이다. 단체를 이끌거나 관리하는 사람 아무나 붙잡고 물어보라. 그들 역시 처음부터 끝까지 꾸준히 노력하는 것이 결과보다 중요하다고 대답할 것이다.

미국 최고의 스트렝스 코치strength coach[22]인 마이크 클라Mike Clark은 나와 함께 텍사스 A&M팀에서 코칭스태프로 일하는 동안, 미국대학체육협회NCAA가 주는 '올해의 스트렝스 코치' 상을 두 번이나 받았던 사람이다. 시애틀 시호크스Seattle Sea Hawks에서 수석 스트렝스 코치로 일할 때는 2005년 미국프로미식축구연맹NFL이 뽑은 '올해의 스트렝스 코치'로 선정되기도 했다. 클락 코치를 알고 지낸 10년 동안, 나는 그가 선수들에게 재능보다 노력이 훨씬 중요하다고 귀에 못이 박히

---

22 선수가 부상 없이 운동 능력을 향상시키도록 돕는 사람으로, '강화훈련 코치'라고도 한다.─옮긴이

도록 말하는 것을 여러 번 보았다. 여기서 잠깐 그의 말을 소개해보겠다.

　현재 실력이야 어찌 됐든 최선을 다해 노력하는 선수가 있다면, 그 선수의 경기 실적을 한번 꾸준히 지켜봐. 그 선수는 분명 누구보다 뛰어난 결과를 보여줄걸? 이건 재능의 문제가 아니야. 신인 드래프트에서 어느 팀에 가게 됐는지는 중요하지 않아. 중요한 건 챔피언의 마음을 가졌는가 하는 것이지. 나와 함께 훈련했던 챔피언들은 하나같이 최고의 선수가 되기 위해 최선을 다하겠다는 마음을 품고 있었어. 결과도 물론 중요해. 하지만 결과가 인간으로서 나라는 사람을 정의해주지는 않아. 신인 드래프트에서 1라운드로 지명되는 게 성공이 아니야. 미식축구 선수든, 교사든, 공사장 노동자든 매일같이 신이 주신 능력을 최대한 사용하려고 노력하는 것, 그게 성공이야.

결과는 중요하다. 하지만 우리가 있는 힘을 다해 힘껏 노력하지 않는다면, 결과는 누구나 예측 가능한 것이 되고 만다.

결과 지향적인 문화에서 사람들은 최종 결과를 강조한다. 제일 먼저 일을 끝낸 사람에게 상을 주고, 최고점을 받은 사람을 가치 있다고 평가한다. 이 부분을 좀 더 명확하게 짚고 넘어가자면, 나는 학생이 별 노력도 없이 A를 받은 것보다 100퍼센트의 노력을 기울이고 C를 받는 것이 더 바람직하다고 여긴다. 나아지기 위해 계속 노력하는 학생은 결국 남다른 인정을 받고 성공도 거머쥐게 된다.

댈러스 카우보이스Dallas Cowboys팀의 전 라인배커로 NFL의 스타였던 닷 응웬Dat Nguyen이 그런 사람이었다. NFL에서 뛰는 유일한 베트남계 선수였던 그는 매사에 최선을 다했고, 결과적으로 좋은 일도 많이 생겼다. 텍사스 A&M팀 시절 초기에는 체중이 너무 많이 나가 어쩔 수 없이 1년을 유급하기도 했지만, 5년 뒤 팀을 나갈 무렵에는 A&M 역사상 최고 기록인 517번의 태클이라는 성과로 전국을 대표하는 라인배커로 성장해 있었다.

약 180센티미터에 108킬로그램이었던 응웬은 라인배커로서 신체적으로 유리한 조건을 갖추고 있는 것은 아니었지만, 열정과 정신력만큼은 누구보다 뛰어난 선수였다. 나는 이 젊은이가 매 경기, 매 쿼터 최선을 다하는 모습을 지켜보며, 누구라도 그런 노력을 기울인다면 신체 조건은 크게 고려할 사안이 아니라고 생각했다. 1998년에 대학 미식축구 '올해의 수비수'로 선정되어 척 베드나릭 상Chuck Bednarik Award을 수상했던 응웬은 NFL에서도 놀라운 성적을 기록했다. 이런 결과는 매일같이 최선을 다하도록 자신을 몰아붙였던 근면 성실함이 빛을 발한 덕분이었다.

응웬의 마음가짐은 1학년 때 유급을 당하면서 어려운 상황에서 벗어나기 위해 갈고닦은 것일 수도 있고, 어쩌면 어렸을 때부터 부모님으로부터 보고 배운 것일 수도 있다. 이유야 어찌 됐든 응웬의 이야기에는 단순한 미식축구 스타의 화려한 성공담 이상의 메시지가 담겨 있다. 그의 가족은 1975년 베트남 전쟁에서 사이공이 함락된 이후, 베트남을 떠나 미국으로 망명해 텍사스 주 락포트에 정착했다. 난민 수용소에서 태어난 응웬은 고등학교 때부터 미식축구를 하기 시작해 188회 태클이라는 기록을 세우며 여론조사에서 '텍사스 탑 100' 라인배커로 선정되기도 했다. 하지만 그의 말에 따르면 중요한 건 기록이나 성적이 아니었다. "베트남 이민자들에게는 베트남계 미식축구 선수가 있다는 사실만으로도 엄청난 발전으로 느껴졌어요. 그렇기 때문에 사람들이 제게 거는 기대에 대해 크게 걱정하지 않아요. 저로서는 이미 많은 걸 이룬 셈이니까요. 저는 미식축구가 정말 좋아서 하는 거예요."[23]

만약 닷 응웬에 대해 잘 알지 못하는 사람이 이 말을 들었다면, 그가 다른 세대의 사람이라고 생각했을지도 모르겠다. 긍지를 갖고 자기 일에 임하던 예전 세대 사람들의 모습이 그의 얼굴 위로 겹쳐진다. 그에게서 무슨 일이든 제대로 하는 건 당연한 일이기에 그렇게 했던 예전 세대 사람들의 모습이 보인다. 그저 운동이 좋아서 하는 예전 시대 선수들의 열정을 그의 행동에서 발견한다. 무슨 일이

---

23 맥스웰 풋볼 클럽Maxwell Football Club에서 엮은 온라인 간행물과 NFL 필름스NFL Films의 레이 디딩어Ray Didinger가 쓴 특집 기사에서 인용했다. 전체 기사는 http://www.maxwellfootballclub. org.에서 찾을 수 있다.

든 빼어난 성과를 보이는 사람과 마지못해서 하는 사람 사이에는 분명 엄청난 차이가 있다. 앞에서 말한 것처럼, 행하는 사람과 보는 사람의 차이다. 당신은 어느 쪽인가?

일을 제대로 하는 데 있어 가장 큰 문제는 무엇일가? 왜 우리 시대 사람들은 그럭저럭 일을 해내는 데 그토록 집착하는 걸까? 왜 우리는 자기가 하는 일에 자부심을 느끼지 못하는 걸까? 내가 만나본 가장 현명한 남자의 삶과 거기서 드러난 지혜를 눈여겨본 덕분에, 나는 그 질문에 대한 몇 가지 해답을 알아냈다.

나의 아버지 로저 릭스비는 사람의 가치는 자기가 한 약속을 지키고, 다른 사람을 친절하게 대하고, 자기 일에 최선을 다하는 데서 생긴다고 믿었다. 그는 매일같이 무의식적으로 이런 삶을 살았다. 요란스럽게 자신을 드러내지 않았고, 세상의 이목도 신경 쓰지 않았다. 사람들의 환호를 기대하거나 찬사를 바라지도 않았다. 아버지는 당신의 세대가 그랬던 것처럼, 특별한 일을 한다는 의식 없이 그저 '남자답게 굴라'는 가르침을 따르셨을 뿐이었다.[24]

아버지 세대의 노동 윤리에는 명예, 올바른 인성, 제대로 일을 하는 데 대한 자부심 같은 것이 있었다. 그리고 일을 할 때도 항상 탁월하게 하는 것에 초점을 맞추었다. 사람들은 작업 과정의 아주 세

---

24 '남자답게 군다'는 개념은 스튜 웨버Stu Weber 의 저서 『사람의 마음을 받치는 네 개의 기둥: 강함으로 균형을 만들다Four Pillars of a Man's Heart: Bringing Strength Into Balance』에 잘 설명되어 있다.

세한 부분까지 성실하게 처리했다. 일을 잘한다는 것은 아주 작은 부분까지 놓치지 않고 주의를 기울인다는 뜻이었다. 전설적인 미식축구 감독인 조 패터노Joe Paterno는 이런 말을 했다. "작은 일을 제대로 하면 큰일은 자연스레 잘되게 마련이다."[25] 사람들은 최고를 위해 애쓰고 노력하는 것에 긍지를 느꼈다. 최선의 결과를 성취하기 위해 성실하게 일했다. 야구선수 오지 스미스Ozzie Smith는 메이저리그 명예의 전당 헌액에 감사하는 기념 연설에서 자신이 성공하기까지 밑거름이 되어주었던 말을 소개한 적이 있다.

> 더 나아지기 위해서는 이 정도면 됐다는 말에 만족해선 안 된다.
> 최고가 되기 위해서는 나아졌다는 말에 만족해선 안 된다.

이 말은 평범한 결과에 만족하는 사람들을 향해 경종을 울릴 뿐 아니라, 우리 세대와 이전 세대가 가진 일의 가치 기준이 얼마나 다른지 잘 보여주고 있다. 스미스는 평론가들의 기대에 부응하는 정도에서 노력을 그치지 않았다. 당신은 다른 사람의 기대 수준에 맞춰 일을 마무리 짓는가? 아니면, 내 사전에 '평범함'이란 단어는 없다는 생각으로 스스로에 대한 기대치를 높이려고 노력하는가?

---

25   《USA 투데이》, 2005년 11월 19일

우리 세대의 노동 윤리에서는 명예, 올바른 인성, 제대로 일을 하는 데 대한 자부심 같은 것을 찾아보기 어렵다. 현재의 가치 체계는 겉으로 세련돼 보이는지, 명분이 있는지만 따진다. 강한 이미지나 자기 자신에 대한 자부심이 정말 건강한 가치만큼 중요하다고 여긴다. 일을 할 때는 마치는 데만 초점을 맞춘다. 일을 그럴싸해 보이게 마무리 지으려고만 하는 것이다. 이것이 새로운 밀레니엄 세대가 노동에 대해 갖는 미학적 윤리의식이다. 명예, 탁월함에 대한 욕구, 자신의 진정한 인성을 드러내는 일에는 분명히 혜택이 존재하지만, 그저 고개를 돌리고 눈을 감아버린다.

만약 탁월함을 추구하는 문화가 부활한다면, 사람들은 제일 먼저 예전의 가치를 다시 접하려 할 것이다. 그 가치는 남들의 시선, 조명, 이미지 컨설턴트와는 무관하며, 탁월함을 위해 어떤 유혹에도 굴하지 않고 최선의 노력을 다했던 이전 세대의 사람들이 물려준 지혜다.

"아들아, 네가 뭔가 해야 한다면 말이다, 반드시 제대로 해내야 한다." 아버지의 이 말이 어떤 특정한 일을 가리키는 게 아니라는 사실을 나는 이제 알고 있다. 이건 마음가짐을 바로 세우라는 뜻이다. 모든 면에서 최선이 되게 하고, 매일 최선을 다하고, 작은 일에도 최선을 다해 임하라는 뜻이다. 삶에 있어 완벽한 만족을 얻기 위한 필수 조건은 오로지 탁월함뿐이다. 한 번의 행동이 아닌 습관으로 굳어진 탁월함이라는 완벽한 음식을 한번 맛보고 나면, 우리는 평범함이라는 딱딱한 빵과 이미지 홍보라는 시큼한 즙으로는 결코 만족할 수 없게 된다.

매사에 탁월함을 추구하는 사람이 되기 위해 노력하면서, 나는 다양한 현장에서 나와 비슷한 도전 과제에 직면한 대학생들과 직장인들을 관찰하기 시작했다. 그리고 결과 지향적인 방식이 생각보다 더 심각한 정도로 우리에게서 탁월함을 빼앗아가고 있다는 결론에 다다랐다.

아버지는 결코 서두르는 법이 없었다. 사소한 일 하나하나에 충분히 시간을 들였고, 엄청나게 주의를 기울였다. 과정의 매 단계와 모든 부분에 집중했다. 한 번에 한 가지씩, 그 순간 하는 일에 최선을 다하는 데서 기쁨을 얻는 것이 곧 성공의 비결임을 그는 알고 있었다. 작은 일에 집중하면 큰일에서도 좋은 결과를 얻을 수 있다는 패터노 감독의 믿음과 일맥상통하는 생각이었다.

특히 말콤 글래드웰Malcolm Gladwell의 연구는 내가 이 아이디어를 발전시키는 데 매우 큰 도움을 주었다. 글래드웰은 베스트셀러가 된 저서 『티핑 포인트』에서 작은 일들이 쌓여 만들어내는 엄청난 차이에 관해 이야기하고 있다.

사회적 현상이 사람들 사이에 급속히 퍼지거나 유행하기 시작하는 순간, 즉 '티핑 포인트'를 이해하기 위해 글래드웰은 주기적으로 유행하는 현상들을 낱낱이 해체한 뒤, 거기서 나타나는 특징들을 조사했다. 그리고 전염병의 확산, 패션의 유행, 도시 지역에서 점점 감소하는 범죄율 등 여러 현상이 일어날 때 공통으로 발견되는 특징을 찾아냈다. 그는 이런 연구를 통해 현상이 극적인 변화를 일으키는 대략적인 지점까지 알아낼 수 있었다.

첫째, 전염성이 있고, 둘째, 사소한 원인이 엄청난 결과를 초래하며, 셋째, 변화는 점진적으로 일어나지 않고 한순간에 극적으로 일어난다. 이 세 가지 특성은 초등학교 교실에서 홍역이 돌거나 매년 겨울 독감이 유행할 때 나타나는 세 가지 원칙과 똑같다. 이 중 세 번째 특성은 유행이 한순간에 부상하거나 약해질 수 있음을 의미한다. 이것은 세 가지 중 가장 중요한데, 앞의 두 가지 특성을 설명해주는 동시에 현대의 여러 사회적 변화가 일어나는 이유를 통찰할 수 있게 해주기 때문이다. 모든 것이 갑자기 변하는 그때, 대대적 유행이 일어나는 극적인 순간이 바로 '티핑 포인트'다.[26]

혹시 작은 일에 충분히 주의를 기울이지 않아 성공을 코앞에서 자꾸만 놓치고 있지는 않는가? 그렇다면 자신이 큰 그림과 최종 결과는 힘든 노력 위에 만들어진다는 사실은 잊고, 결과물에만 눈독을

---

26 말콤 글래드웰, 김규태 옮김, 「티핑 포인트: 작은 아이디어는 어떻게 빅트렌드가 되는가 The Tipping Point: How Little Things Can Make a Big Difference」, 김영사, 2020

들이고 있지는 않는지 되돌아보라.

이제 더 나아지기 위해 속도를 늦출 때다. 목표는 더 열심히 일하는 것이 아니라 더 똑똑하게 일하는 것이어야 한다. 최종 결과에만 주목하던 리더십에서, 이제는 규정을 정확히 지키고 과정에서 탁월함을 추구하는 리더십으로 바뀌어야 한다.

지도자들이 과정 지향적인 사람에 더 가까워진다면, 그들의 리더십은 어떻게 변화할까? 학생들이 교사의 말을 받아 적는 데 급급해하지 말고 귀 기울여 듣는 데 주력한다면, 그들의 성적표는 어떤 변화를 보일까? 직장인들이 결과에만 집중하지 않고 일을 하는 과정에서 탁월함을 추구하는 데 초점을 맞춘다면, 조직 내에서 얼마나 빨리 승진할 수 있을까?

지금 우리는 속도를 늦추고 마음을 가라앉혀야 한다. 적어도 지나간 세대의 지혜가 우리 귓가에 닿을 수 있을 때까지 말이다.

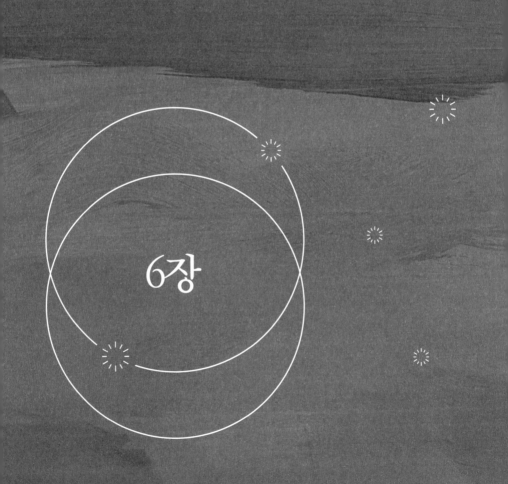

6장

매일의 선택이
인품이 된다

The Old Wisdom

어둠 속에서 하는 행동이 곧 그 사람의 인품이다

-드와이트 L. 무디[27]

아버지는 여러 미덕을 지니고 계셨지만, 그중에서도 가장 눈에 띄는 것은 인품이었다. 내 아버지 로저 릭스비는 바른 인품의 전형이었다. 아버지 삶의 정수가 곧 훌륭한 인품이라고 말할 수 있을 정도로 인품을 가꾸며 사셨다. 아버지는 주위 사람들에게 제때 옳은 방식으로 옳은 일을 한다는 믿음을 주지 못하는 사람의 인생은 가치가 없다고 굳게 믿으셨다. 어렸을 때도 나는 바른 인성과 인품이 무엇인지 머릿속에 구체적으로 형상화할 수 있었는데, 아버지가 다음과 같은 말들을 끊임없이 해주셨기 때문이다.

• 거짓말하는 사람은 뭔가를 훔치려는 속셈이 있는 거란다.

---

27 드와이트 L. 무디 Dwight L. Moody는 19세기 미국의 부흥 설교자다.―옮긴이

- 항상 진실만을 말해라. 거짓을 말하는 혀로는 무엇도 변호할 수 없다.
- 항상 옳은 일을 해라.
- 뭔가를 하겠다고 한번 말을 꺼냈으면 꼭 해야 한다.
- 네가 소유할 수 있는 유일한 게 바로 네 이름이니, 이름을 명예롭게 지켜야 한다.
- 늘 최선을 다하는 법을 배워야 한다.
- 좋은 평판은 돈보다 더 가치 있는 법이다.
- 신용을 잃어서는 안 된다.
- 진심이 아닌 말은 아예 입 밖으로 꺼내지 말고, 한번 꺼낸 말은 진심을 다해 지켜라.
- 언제든 존중하는 마음으로 사람을 대해야 한다.
- 누구보다도 너 자신을 존중할 줄 알아야 해. 그래야 다른 사람도 널 존중한단다.
- 네 것이 아닌 것은 절대 탐하지 말아라.
- 입을 닫고 귀를 기울이는 법을 배워라.
- 일보다 가족을 소중히 여길 줄 알아야 한다.
- 무슨 일을 하든 신에게 영광을 돌리거라.

아버지는 당신이 하셨던 말씀을 모아 잠언집을 만들어도 될 만큼 현명한 분이었다. 지금도 나는 아버지에게서 배운 지혜를 매일 이용하며 살고 있다. 인생의 길잡이와도 같은 그 지혜는 그동안 내게 말할 수 없이 큰 기쁨을 주었고, 크나큰 열정을 불태우게 했다. 방송국에서 일할 때 가장 좋은 뉴스는 기자가 입을 닫고 귀를 열 때 만들어진다는 진리를 깨닫게 해준 것도, 대학원에 다닐 때 어떤 대가를 치르더라도 약속을 지키는 사람이 되도록 이끌어준 것도 아버지의 지혜였다. 대학에서 교수로 일할 때 학교 건물을 청소하는 환경미화원도 대학 총장을 대하듯 존경심을 담아 대하도록 가르친 것 또한 아버지의 지혜였다. 목사이자 동기 부여 강연자로서 사람들 앞에 서는 지금까지도 내 귓가에는 돌아가신 아버지의 굵직한 목소리가 들리는 듯하다. 길을 걸을 때도 아버지는 내내 함께 걸으며, 온전하고 정직하고 하나님을 경외하며 악을 멀리하는 삶을 살라고 말씀하신다(「욥기」 1장 1절). 나는 그럴 때마다 아버지에게 감사드린다. 욕심을 채우기 위해 인품을 팔아넘기기를 종용하는 세상에서 아버지가 인기에 연연하셨다면 나는 결코 지금처럼 많은 것을 배우지 못했으리라.

앤디 스탠리Andy Stanley 목사는, 인품이란 옳고 그름에 대한 절대적인 신념이며, 어떤 대가를 치르더라도 옳은 것을 선택하는 소신이라고 정의했다. 아버지는 그저 마땅히 해야 할 일을 택해, 마땅히 옳은 방식으로 하셨을 뿐이었다. 아버지가 옳은 일을 하는 데 있어 이도저도 아닌 애매한 영역이란 있을 수 없었다. 이것은 요즘 시대를 사는 비즈니스 리더들이 배워야 할 점이 아닐까 싶다. 아버지 삶의 정수는 인품이었다. 탁월함, 충성스러움, 친절함, 봉사 정신 같은 모든 특성은 그의 인품, 즉 사람 됨됨이에서 나온 것이었다. 고귀한 인품의 삶을 살겠다고 다짐했을 때 우리에게 어떤 힘이 생길지 생각해보라. 다른 사람을 도울 기회는 얼마나 많아질 것이며, 진정성 있는 대화를 나누고 의미 있는 관계를 만들 기회는 또 얼마나 많아질 것인가. 매일 하루하루 최선을 다하는 것을 궁극적인 목표로 삼고 살아간다면, 우리 삶이 얼마나 달라질지 한번 생각해보라. 그런 삶을 사는 사람은 다음과 같은 자질을 얻게 될 것이다.

- 믿음직스러움
- 충성스러움
- 신뢰할 수 있음
- 탁월함
- 적합함
- 단호함
- 끈기 있음
- 지혜로움
- 판단력
- 배려심
- 친절함
- 정직함

우리 주변의 친척, 친구, 동료 중에 이런 자질 서너 가지를 동시에 지닌 사람은 몇이나 될까? 그들의 이름을 적어보자. 아마도 많지는 않을 것이다. 왜 그럴까? 그 이유는 지금 우리가 강직한 인품보다는 강한 이미지를 만들라고 부추기는 사회에 살고 있기 때문이다. 사회는 우리에게 '어둠 속에서 한 일은 어둠 속에 남겨두라'고 한다. 요샛말로 하면 '라스베이거스에서 일어난 일은 라스베이거스에 묻어둬라'쯤 될 것이다.

우리 문화는 그런 정서도 받아들일 수 있는 윤리 체계로 점점 변해가고 있다. 그래서 거짓과 속임수도 슬쩍 눈감아주는 사회가 되고 있다. 그 결과는 어떨까? 그런 사회에서는 사람들이 정직하게 말하는 데 책임감을 덜 느낀다. 귀중한 지혜를 접하기보다는 불법 복제가 판을 치는 대중문화만을 즐기려 한다. 전통을 바탕으로 곧게 서기보다는 보여주기식 성공에 취해 흥청망청 누리려고만 한다. 한마디로, 점점 엉망진창이 될 수밖에 없는 것이다.

이런 현상에 대해 하워드 헨드릭스 박사는 다음과 같이 말했다. "오늘날 미국이 위태로워진 가장 큰 이유는 리더십이 위기에 빠졌기 때문이다. 그리고 리더십이 위태로워진 가장 큰 이유는 인품이 위기에 빠졌기 때문이다."[28]

---

28 앞서 언급하기도 했던 하워드 헨드릭스 박사는 크리스천 리더십 센터Center for Christian Leadership의 회장이기도 하다. 인용된 부분은 헨드릭스 박사가 쓴 『완전한 삶A Life of Integrity』 169쪽에서 발췌했다.

미국 문화가 이대로 바른 인품의 중요성을 계속 무시한다면 과연 미국이 지금과 같은 기술적 우위를 계속 누릴 수 있을까? 그런 상황에서 이전 세대의 지혜와 단절된 핵가족들이 얼마나 버틸 수 있을까? 우리 사회, 기업과 각 부서, 정부 각 부처, 가족과 개인이 고난과 역경을 견디어낼 수 있을까? 과연 우리가 인품이라는 기본 토대 없이 진정한 성공을 누릴 수 있을까? 만약 오늘날 우리 사회가 놓친 것이 있다면, 그것은 가족을 회복하고, 일자리를 되살리고, 회사의 근무 환경을 개선할 수 있는 잠재력을 가진 진정한 인품일 것이다. 참된 인품의 발로는 새로운 변화를 일으키는 힘이다. 인품은 쌍방향의 수평적 관계 속에서 과학 기술을 기반으로 대화가 이뤄지는 새로운 밀레니엄 사회에서 절실하게 요구되는 자질이다. 지금 여기서 중요한 것은 과학 기술이 아니다. 우리 시대, 우리 사회의 가장 큰 문제는 참된 인품의 결여다.

매일 옳은 선택을 한다는 것

대학 교수로 일하면서, 나는 미래가 촉망받는 재능 있는 젊은이들을 많이 만났다. 학생들은 대개 학교의 지침을 잘 따랐고, 학문적 소양을 쌓아 졸업하겠다는 마음으로 힘껏 노력했다. 점수 등급의 양 끝부분에서 몇몇 예외가 있긴 했지만, 대부분 학생이 상당히 열심히 공부했다. 그런데 중요한 것은, 그렇게 많은 학생 중에 참된 인품을 가진 학생은 별로 없었다는 사실이다. 참된 인품이란 어떤 것일까? 착하고 선한 의도를 가진 젊은 학생들의 의견을 빌려, 우선 참되지 못한 인품을 가진 사람은 어떤 말을 하는지 알아보자.

- 어떻게 자기 행동에 다 책임을 지겠어요?
- 시험에 낙제했다고 학생이 부족하다는 뜻은 아니에요. 시험을 망친 건 학생이 집중해서 공부한 자료가 시험에 나오지 않았기 때문이에요.
- 프린터 때문이에요!
- 컴퓨터가 바이러스에 감염됐어요!
- 프린터에 종이가 걸렸어요!

과제 제출일만 되면 어떻게 집집마다 컴퓨터 프린터들이 갑자기 고장 나는지 나는 매번 신기할 따름이었다. 그런데 20년 동안 재직하면서, 이렇게 말하는 학생은 한 번도 본 적이 없다. "미루다가 과제를 너무 늦게 시작했어요. 제 능력이 부족해 시간 배분을 제대로 못 했어요. 이런 사고에 대비할 여유도 없었고요. 제 잘못이에요."

요즘 젊은이들에 대해 부정적으로 말하는 사람들이 많다. 하지만 거기에 합세해 같이 흉을 보기 전에 이 점을 생각해보자. 책임감 있게 행동하지 못하는 태도는 전염성이 강하며, 이는 비단 캠퍼스에서만 나타나는 문제가 아니다. 사실 학생들은 그런 요령을 어디선가 배워온 것이다. 우리가 만나는 어른 중에는 자기 행동에 책임을 지지 못하는 사람들이 많다. 이것이 종교적인 주제고, 정치적인 문제고, 사회적인 딜레마인가? 아니다. 이것은 인성의 문제다. 바른 인품을 갖춘 사람이라면 늘 적절한 행동을 하게 마련이다. 웹스터 사전은 'character(인성)'를 '도덕적 강인함', '자기 절제', '꿋꿋한 기개'라고 정의한다. 간단히 말해, 바른 인품을 지닌 사람은 상황과는 관계없이 진실만을 말한다(도덕적 강인함). 고귀한 인품을 지닌 사람은 도덕 기준에 근거한 잘 다듬어진 일련의 가치들을 동기로 움직이며, 느낌, 감정, 과거의 경험과 관계없이 그 기준을 충실히 지킨다(자기 절제). 올곧은 인품을 지닌 사람은 삶에서 쉽게 변하지 않는 자기만의 행동 양식을 만들고, 어떤 대가를 치르더라도 그에 따라 본능적으로 옳은 것을 선택한다(꿋꿋한 기개).

시험 비행 조종사였던 척 예거Chuck Yeager 장군이 자신의 일생을 직접 기록한 자서전을 매우 인상 깊게 읽은 적이 있다. 그중에서도 그가 음속보다 빠르게 비행했던 순간을 묘사한 부분이 특히 흥미로웠다. "나는 초당 31마일씩 가속을 시작해 1650마일에 다다랐고, 지금까지 직선 날개 비행기로 비행한 그 어떤 조종사보다 빠른 속도로 날고 있었다." 이때 그는 음속보다 두 배 이상 빠른 속도인 마하 2.4로 비행하고 있었고, 당시 고도는 8만 피트였다. 비행기는 너무 높고 너무 빠르게 날고 있었다.

날개가 위로 들리면서 기체가 자꾸 돌았지만, 어찌해볼 도리가 없었다. 그러다가 갑자기 사방으로 몸이 흔들렸고, 비행기가 방향성을 상실한 채 위태롭게 기울더니 빙글빙글 돌기 시작했다. 전문적인 표현으로 3축이 모두 제어되지 않는 상태에 빠진 것이다. 이곳이 바로 지옥이구나 싶었다. 조종석 안에서 내 몸은 좌우로, 앞뒤로 거칠게 흔들리며 사정없이 찧고 부딪쳤다. 나는 완전히 패닉 상태에 빠져 아무 생각도 할 수 없었다. 두려웠다. 문득 어떤 생각이 머리를 스쳤다. '아, 꼬리 날개가 떨어져나갔구나. 원래 꼬리 날개가 있었는데.' 헬멧이 조종석 캐노피에 부딪칠 정도로 관성력이 나를 위로 확 잡아당겼다. 좌석 안전벨트가 없었다면 내 몸은 벌써 캐노피 유리를 뚫고 날아갔을 것이다. 내가 입은 여압복이 갑자기 요란한 쉭 소리를 내며 부풀었다. 숨이 턱 막혔고 얼굴에서는 핏기가 가셨다. 눈앞이 깜깜해진 나는 죽음으로 내동댕이쳐지며 생각했다. 내가 탄 비행기는 시에라 산맥 어디쯤에 처박히게 될까.[29]

비행기가 빙글빙글 돌며 아래로 떨어지기 시작할 때 예거 장군은 모든 게 다 끝났다고 생각했다. 그런데 극적으로 2만 5000피트에

29   척 예거, 리오 야노스Leo Janos, 「예거Yeager」, 반탐북스Bantam Books, 1985, 252~253쪽

서 기체를 다시 제어할 수 있었고, 캘리포니아 주 모하비 사막 중 과거 호수 바닥이었던 지형에 비행기를 착륙시켰다. 그는 비행 기록을 훑어보며 자신이 51초 만에 5만 1000피트나 급강하했다는 사실을 깨달았다. 예거는 자신이 살아남은 건 순전히 운과 본능 덕분이었다고 말했다. 시험 비행을 하기 전 수개월 동안 매우 성실하게 연습하고 훈련에 임했기에, 정신을 잃을 정도로 힘겨운 상황에서도 본능이 그를 움직이게 했다. 기체를 다시 통제하려면 어떻게 해야 하는지 그는 '본능적으로' 알고 있었던 것이다.

매일 옳은 선택을 하는 것은 별로 중요해 보이지 않을지도 모른다. '그게 뭐 그리 중요해? 내가 뭘 선택하고 어떤 결정을 내리는지 아무도 모를 텐데.' 이렇게 생각할 수도 있다. 그러나 예거 장군의 이야기에서 알 수 있듯이, 매일의 선택에는 주변 모든 것이 통제 불능일 때조차 본능적으로 상황을 제어하게 만드는 힘이 있다.

우리에게 이런 일이 벌어진다면 어떨까? 우리도 각자의 조종석에 앉아 8만 피트 상공에서 시속 1650마일의 속력으로 날다가, 통제 불능 상태에 빠져 빙글빙글 돌며 추락하는 그런 경험을 하게 될 수 있다. 그게 꼭 시험 비행이 아니더라도, 경제적 어려움이 될 수도 있고, 직장생활에서 피할 수 없는 긴장과 갈등 상황이 될 수도 있고, 가족 중 누군가가 죽게 되는 경험이 될 수도 있다. 여러분이라면 그런 상황에서 어떻게 하겠는가? 당신이 인품의 가장 높은 경지에까지 날아오르게 할지, 아니면 감정적으로, 육체적으로, 정신적으로 추락하게 할지 결정하는 것은 바로 오늘 당신이 하는 행동에 달려 있다.

긍정적인 인품을 선택하고 그 인품이 순간순간, 매일매일, 매달, 매년 본능을 단련시키는 그런 삶을 산다면 어떨까? 그렇게 한다면 우리의 본능은 어떤 대가를 치르더라도 항상 옳은 선택을 하게 될 것이다. 이는 노력을 통해 누구나 도달할 수 있는 경지다. 그렇게 해서 얻어진 진정한 삶은 다음과 같은 모습을 보이게 된다.

- 주저 없이 자기 잘못을 인정한다.
- 자신의 행동에 책임을 진다.
- 상황과 관계없이 100퍼센트 진실만을 말한다.
- 모르는 것에 대해서는 말하지 않는다.
- 믿지 않는 것에 대해서는 말하지 않는다.
- 직접 해보지 않은 일에 대해서는 말하지 않는다.
- 뭔가를 하겠다고 말했으면 정말로 한다.
- 거짓말을 하지 않고, 속임수를 쓰지 않으며, 남의 것을 훔치지 않는다.
- 건전한 판단에 따라 일을 처리하고 과장해서 말하지 않는다.
- 신중하게 행동한다.
- 어떤 상황에서든 일관된 태도를 보인다.
- 최대한 존중하는 마음으로 다른 사람을 대한다.
- 쉽게 화내지 않는다.
- 쉽게 낙담하지 않는다.

- 언제 어디서든 가능한 한 다른 사람을 돕는다.

- 열정적으로 산다.

- 의리를 지킨다.

- 다른 사람의 말을 경청한다.

- 진심으로 관심이 가는 사람에게만 존경의 뜻을 표한다.

- 자신감 있게 행동한다.

- 다른 사람의 뒷얘기를 하지 않는다.

- 다른 사람에 관해 나쁜 말을 하지 않는다.

- 모든 사람을 친절하게 대한다.

- 기분 좋은 표정을 짓는다.

- 기쁜 마음을 가진다.

이것은 내 아버지의 모습이기도 했다. 나는 아버지 같은 분을 평생 본 적이 없다. 아버지는 그저 당신의 인품대로 사셨다. 그가 미친 영향력은 어마어마하게 컸다. 나는 그런 유산을 물려받아 본받고, 열심히 흉내 내며 자신을 수양할 수 있었고, 이 점에 대해 신에게 진심으로 감사드린다. 아버지는 정말 좋은 사람이었다. '좋은 사람'이라는 말에는 정말 많은 의미가 담겨 있다. 내 친구이자 베스트셀러 작가, 강연자이며 팟캐스트 프로그램의 진행자이기도 한 게리 로스버그_{Gary Rosberg} 박사가 들려줬던 이야기가 생각난다.

몇 년 전 그날 밤은 제 평생 가장 추운 날이었어요(영하 30도쯤 됐었죠). 어머니와 저는 위스콘신 주 그린베이 램보필드 미식축구 경기장 근처에 있는 한 병원에서 아버지의 임종을 지켰지요. 아버지가 주님의 품으로 가신 후, 어머니는 제 눈을 들여다보며 말씀하셨죠. "네 아버지는 정말 좋은 분이었어. 다정하고 정직한 좋은 사람 말이야." 그 순간 저는 깨달았습니다. 좋은 사람이 되는 것, 그것 말고 인생에 뭐가 더 필요한가.[30]

이 이야기가 어찌나 감동적인지 나는 머리를 세게 한 대 맞은 기분이었다. 그리고 언젠가 내 아들들이 "우리 아버지는 정말 좋은 분이었어"라고 말할 수 있도록 그렇게 남은 인생을 살자고 다짐했다. 로스버그 박사의 말에 따르면, 그의 어머니는 아버지를 가리켜 '위대한 사람'이라고 하지 않고 '좋은 사람'이라고 했다. 우리 아버지처럼 그의 아버지도 완벽한 사람은 아니었다. 실수를 했고, 결점이 있었고, 아마도 후회스러운 행동도 했을 터였다. 하지만 그런 가운데에서도 결국 '좋은 사람'이라는 이름표가 붙었다.

우리의 품행이 옳았다고 말해주는 가족과 친구의 평가보다 더 큰

---

30   2005년 11월 20일, 로스버그 박사는 「아메리카즈 패밀리 코치즈America's Family Coaches」라는 라디오 생방송에서 이 이야기를 소개했다. 당시 미국 전역으로 매일 방송되던 이 프로그램은 로스버그 박사와 그의 아내 바버라가 진행했고 시청자들이 전화로 직접 참여할 수 있었다. 저자는 이날 특별 게스트로 방송에 출연했다.

인정이 어디 있겠는가? 모든 것이 말해지고 행해진 이후, 한 인생의 진가를 정하거나 판단할 수 있는 기준은 진정 무엇일까? 업적도 중요하고, 재산도 가치 있다. 하지만 명예와 재물은 당신이 무엇을 지지하는지, 어떤 사람인지, 어떤 사람으로 기억될지 보여주지 못한다.

텍사스 A&M 미식축구팀의 감독이었던 R. C. 슬로컴은 이런 말을 자주 하곤 했다.

> 미식축구팀 감독으로서의 내 가치가 얼마나 많은 경기를 이기고 졌는가에 의해 결정된다고 생각하지 않습니다. 내 가치는 나와 함께 훈련한 선수들이 누리는 삶의 질과 직접적으로 연관돼있어요. 나와 함께했던 선수들이 생산적인 시민으로, 훌륭한 직업인으로, 좋은 남편이자 아버지로 잘 살고 있는가? 이런 그들의 삶의 질이 곧 감독으로서 내 능력을 평가하는 기준이에요.

최근 나는 슬로컴 감독의 이 말을 다시 들을 기회가 있었다. 텍사스 스포츠 명예의 전당 기념행사에서였다.[31] 그에게 훈련을 받은 여러 선수를 비롯해 수백 명의 사람이 모인 자리에서, 그는 다시 한번

---

31 2006년 2월 16일에 열린 '2005 텍사스 스포츠 명예의 전당 헌액식'에서 대학 미식축구팀의 전설적인 감독 R. C. 슬로컴의 이름이 거명됐다. 그는 텍사스 A&M에서 31년간 선수들을 지도했고, 그중 14년 동안은 감독으로 팀을 이끌었다.

자신의 가장 큰 유산은 함께한 선수들의 노고와 삶에 있다고 말했다. 선수들이 좋은 사람, 좋은 남편, 좋은 아버지로 잘 살고 있는가? 그들이 사회의 생산적인 구성원으로서 자기 일을 성실하고 정직하게 해내며 살고 있는가? 승리에 겸손하고 패배에도 위엄을 지키는가?

나는 슬로컴 감독을 찾아가 바로 이 주제로 꽤 오랜 시간 얘기를 나눈 적도 있다. 미식축구 경기에서 이기는 것은 당연히 중요하다. 하지만 선수들의 인품을 높이는 일은 더욱더 중요하다. 나는 미식축구 운영팀의 책임자 팀 캐시디Tim Cassidy 같은 코칭스태프와 스티브 크랙소프Steve Kragthorpe, 켄 러커Ken Rucker, 마이크 셔먼Mike Sherman, 마이크 핸퀴츠Mike Hankwitz, 버디 와이어트Buddy Wyatt, 레이 도어Ray Dorr, 앨런 워델Alan Waddell 같은 코치들처럼, 선수들의 인격을 함양하는 일을 최우선으로 하는 사람들을 많이 만나왔다.

슬로컴 감독은 선수들의 기량, 성과, 승패, 선수권 대회 우승 반지, 연봉, 현재 지위 같은 것은 크게 상관하지 않았다. 그에게는 인품이 가장 중요했다. 나는 슬로컴 감독의 팀을 위해 일하는 6년 동안, 그가 코치들에게도 바른 인품을 갖춘 사람이 되라고 말하는 것을 자주 목격했다. 코치들이 바른 인품을 보여줘야 선수들이 그 모습을 본받을 수 있다는 것이었다. 우리는 학생 선수들이 인품을 함양할 수 있게 자극하고 격려하는 방법에 관해 많은 이야기를 나눴다. 2002년 이후, 텍사스 A&M팀의 감독이 데니스 프랜치오니로 바뀐 후에도 나는 팀의 담임목사로 계속 일하는 행운을 누렸다. 프랜치오니 감독은 선수들을 위해 강력한 지도자를 양성하는 리더십 자문 위원회와 인성 개발 프로그램을 운영했고, 코치들 역시 선수들에게 바른 인품의 모범을 보이기 위해 헌신적으로 노력했다.

10년간 미식축구 1부 팀에서 인성 코치로 일하며 나 역시 배운 것이 많았다. 비즈니스, 교육, 인생을 비롯한 모든 분야에서 도움을 줄 수 있는 그 교훈들을 여기서 소개한다.

- 인품은 장소가 바뀌어도 그대로 드러난다. 어떤 선수가 경기장 밖에서 바른 인품을 지닌 사람으로 행동했다면, 경기장 안에서도 옳은 선택을 할 가능성이 매우 크다. 털사 대학교 미식축구팀 감독 스티브 크랙소프는 이렇게 말했다. "선수가 경기장 내에서 보이는 행동과 경기장 밖에서 보이는 행동 사이에 깊은 연관성이 있다는 것을 부인할 수 없습니다. 경기장 밖에서 책임을 다하고 신중한 선수라면, 경기장 내에서도 제대로 할 가능성이 매우 크죠. 그 선수는 정확한 루트로 달려가 적절한 계획을 세워 상대 팀을 차단할 겁니다. 분명 제 역할을 제대로 해낼 거예요. 장소가 바뀌어도 본래의 인품이 그대로 드러난다는 사실에는 의문의 여지가 없습니다."

- 인품은 주변에 사람이 많을 때뿐 아니라, 아무도 없을 때도 스스로 드러난다. 텍사스 A&M 선수 출신으로 NFL에서 활약한 러닝백 로드니 토마스Rodney Thomas는 훌륭한 인품을 가진 선수로 유명한데, 이런 일화도 있다. 어느 날, 토마스는 합숙소 복도에서 동료 선수들이 동전 없이 음료수

캔을 꺼내려고 자판기를 주먹으로 치고 발로 차는 모습을 목격했다. 그런데 동료들이 한바탕 소란을 피우고 자리를 뜨자, 그가 자판기로 가더니 조용히 동전을 채워 넣더라는 것이다. 어둠 속에서 하는 행동이 곧 그 사람의 인품이라던 드와이트 L. 무디의 말을 떠올리게 하는 이야기다.

• 고귀한 인품을 지닌 사람에게는 절로 존경심이 생기기 마련이다. 내가 만나본 가장 위대한 사람 중 하나는 A&M팀의 전 쿼터백 코치이자 지금은 고인이 된 레이 도어다. 그가 선수들 그리고 함께 일했던 동료 코치들의 삶에 미친 영향은 이루 말할 수 없을 만큼 엄청났다. 그는 자신을 아는 모든 이에게 큰 용기와 희망을 주었다. 보통 루게릭병으로 불리는 근위축성 측색 경화증을 앓으며 힘든 시기를 보낼 때조차 그는 선한 인품을 보였다. 이렇게 건강했을 때도 투병 중일 때도 한결같던 그의 영향력은 다음 세대에까지 길이 미칠 것이다.

• 인품은 사람을 계속 옳은 길로 나아가게 한다. 대학 농구팀의 전설적인 코치인 마이크 슈셉스키Mike Krzyzewski는 "늘 옳은 버스를 타야 한다"라는 어머니의 말씀을 자주 떠올린다고 말했다. 자칫 잘못된 길로 가려 할 때면, 어머니의 말씀이 옳은 길을 가는 사람들과 함께 가도록 이끌어주었다고 했다. 과거에도 그랬지만, 지금도 많은 선수가 아무리 힘들어도 끝까지 자기 할 일을 성실히 해내고 있다. 그들이 계속 옳은 길을 고집하는 것은 신문에 기삿거리를 제공하거나 토크쇼 시청률을 높이기 위해서가 아니다. 그런 사람들은 좋은 이미지를 보여주기보다는 선한 영향력을 미치는 삶을 살기 위해 견고한 기초를 다지는 중이다.

나는 어떤 영향을 끼치고 있을까

고귀한 인품을 가진 사람이 되겠다는 것은 비용, 결과, 환경에 상관 없이 옳은 길을 택하겠다는 의미다. 그런 삶은 영원한 유산을 남긴 다. 사람들에게 단순히 이미지만 보여주는 것이 아니라, 실제로 선한 영향력을 미치는 것이다. 하지만 그런 삶을 살기 위해서는 요구되는 것도 많다. 우리는 잘 사는 일에 온전히 집중해야 한다. 평소 사람들은 일을 잘 하기 위해서는 물론이고, 여행을 잘 하고, 잘 놀고, 잘 먹기 위해서도 꽤 많은 노력을 기울인다. 그런데 참 아이러니하게도, 정작 잘 살기 위해서는 그렇게 노력하지 않는다.

오늘날 비즈니스의 세계에서 인품은 뜨거운 논란을 불러일으키는 주제 가운데 하나다. 이런저런 방법으로 신뢰를 깨뜨리고 터무니없는 일을 저지른 사람들에 관한 소식을 듣지 않고 지나가는 날이 하루도 없는 세상이기 때문이다. 그러다 보니 채용 관행을 바꾸고, 회사 정책을 더 엄격하게 만들고, 행동 양식을 상담해줄 전문가나 지도자를 고용하는 기업이 많아졌다. 또한 직원들에게 의무적으로 인성 교육을 받게 하는 곳도 생겼다.

2002년, 미국 의회는 사베인즈-옥슬리 법Sarbanes-Oxley Act[32]을 통과

시켜, 기업이 경영 활동을 할 때 윤리적인 측면을 고려하고 책임지도록 강제하는 제도적 장치를 마련했다. SAP랩스[33]의 글로벌 마케팅 전문가 마크 파이엇은 사베인즈-옥슬리 법 덕분에 기업 윤리가 극도로 결여된 오늘날의 잘못된 비즈니스 관행을 강력하게 규제할 수 있게 되었다며 이렇게 말했다.

사베인즈-옥슬리 법 덕분에 비즈니스계는 윤리적 현실을 되찾게 됐어요. 기업 스스로가 운영의 윤리적인 부분을 점검하고 균형을 맞출 수 있게 하는 장치가 마련된 거죠. 그런 게 진작 있었어야 했는데 이제야 생긴 거예요. 이런 법이 제정되었으니 이제 기업들은 조직의 우두머리부터 말단 직원까지 누구든 잘못을 저지른 사람에게 책임을 묻는 방식으로 조직 구성원들의 인품 문제를 다루게 될 겁니다.

당신은 다른 사람에게 선한 영향력을 미칠 준비가 되어 있는가? 지금 당장 자신이 사는 모습을 한번 자세히 들여다보는 건 어떨까? 다음 질문에 하나씩 답을 하다 보면, 자신의 인품 수준을 확인할 수 있을 것이다. 이미 아는 것을 좀 더 분명히 확인하는 것뿐이니 굳이

---

33   독일 프랑크푸르트에 본사를 두고 있는 SAP랩스는 기업용 애플리케이션 소프트웨어의 선두 기업으로서 전 세계 유수 기업을 대상으로 소프트웨어 솔루션을 제공한다.

점수로 표시할 필요는 없다. 잠시 스스로에 대해 생각해보자.

- 사람들이 당신을 진정성 있는 사람으로 인정해주는가? 당신은 '진짜'인가?
- 당신은 함께 있으면 즐거운 사람인가? 성격이 긍정적인가, 아니면 부정적인가?
- 당신의 반응을 다른 사람들이 예상할 수 있을 만큼 일관적으로 행동하는가?
- 성공과 역경에 동일하게 반응하는가?
- 언행이 일치하는 사람인가?
- 사는 모습을 있는 그대로 보여줄 수 있을 만큼 비밀이 없는가?
- 다른 사람의 비밀을 잘 지켜주는 편인가?
- 잘못을 빨리 인정하는가?
- 다른 사람을 쉽게 용서하는가?
- 웬만해서는 좌절하지 않는 사람인가?
- 감정 또는 느낌이 아닌 핵심 가치를 바탕으로 결정을 내리는가?
- 원래 긍정적인 사람인가?
- 다른 사람에 대해 긍정적으로 말하는가?
- 불평을 잘 하지 않는가?
- 큰 그림을 보려고 노력하는가, 아니면 시야가 좁은가?
- 기꺼이 다른 사람을 도우려 하는가?
- 쉽게 그만두거나 포기하지 않는 사람인가?

- 갑작스러운 사고를 당했을 때 무력하게 있기보다는 극복하고 이겨내는 편인가?
- 긍정적이거나 건설적인 말을 해줄 수 없을 때 침묵을 선택하는가?
- 주변 사람들을 응원하고 희망을 주는 사람인가?
- 친절한 사람인가?
- 자주 "고맙다"라고 말하는가?
- 진심으로 다른 사람을 돕고 싶은 마음을 가지고 있는가?
- 자신의 동기를 끊임없이 확인하는가?
- 다른 사람이 잘 지내는지 걱정하고 신경 쓰는가?
- 관계에 문제가 생기면, 말다툼이 생긴다 해도 소통하려고 노력하는가?
- 상대와 논쟁을 벌일 때 존중하는 태도를 보이는가?
- 말뿐 아니라 행동으로도 다른 사람을 존중하는가?
- 약속에 미리 나가거나 적어도 제시간에 나가는 편인가?
- '수동적 듣기'가 아닌 '적극적 경청'을 실천하는가?
- 대화할 때 상대방의 눈을 보는가?
- 자신이 한 약속을 끝까지 지키는가?
- 어떤 환경, 어떤 처지에서도 항상 솔직한가?
- 골프를 칠 때 진실만을 말하는가?
- 세금 신고를 할 때 진실만을 말하는가?
- 돈을 쓰는 일에 관해 진실만을 말하는가?
- 몸무게나 나이에 관해 진실만을 말하는가?

- 어떤 말을 할 때 솔직하고 단도직입적으로 말하는가?

- 과장하거나 그럴싸하게 부풀려 말하고 싶은 욕구를 극복했는가?

- 유명인의 이름을 들먹이는 일을 삼가는가?

- 남의 험담이나 유언비어를 말하는 자리를 피하는가?

- 평소 예절을 잘 지키는가?

- 매일 자신의 신념에 따라 살고 있는가?

- 매일 더 지혜로워지려고 노력하는가?

- 주변에 자신보다 더 현명하고 똑똑한 사람을 두려고 노력하는가?

- 당신의 지혜로운 말을 듣기 위해 사람들이 당신을 찾는가?

- 기고만장하지 않고 겸손하게 말하고 행동하는가?

- 결과와 관계없이 기꺼이 탁월함을 추구하는가?

- 유명해지고 싶은 욕망을 이겨냈는가?

- 다른 사람의 인정을 받기 위해 살아가는 삶에서 벗어났는가?

- 단순히 옳은 것보다 정의로운 것이 더 중요하다고 믿는가?

- 매일 밤 깨끗하고 정갈한 마음으로 잠자리에 드는가?

앞의 질문 대부분에 "그렇다"라고 대답했는가? 그렇다면 당신은 이미 세상에 선한 영향력을 미치며, 주변을 더 나은 곳으로 바꾸고 있다! 당신은 T. W. 윌슨이 말한 '한 단계 높은 수준의 영향력'을 가진 사람인 것이다.

이제 우리에게도 더 위대해질 기회가 생겼다. 이 질문 목록을 적어 눈에 잘 띄는 곳에 두고 일 년 동안 매일 들여다보라. 어떤 행동이 습관이 되려면 최소 30일 이상 반복해야 한다고들 말한다. 그러나 지금 우리는 습관 하나를 만들려는 게 아니라, 자기 자신 안에 완전히 새로운 삶의 방식을 자리 잡게 하려고 한다. 가장 먼저 할 일은 매일 그 사실을 일깨우는 것이다. 그렇게 하면 지금 하는 행동을 더 잘 인지하게 되고, 느슨해진 마음을 다잡아 생각을 바꿀 수 있다.

만약 우리가 계속 현실 부정이라는 안개 속에 갇혀 산다면, 다른 사람에게 도움이 필요하다는 사실을 결코 알지 못할 것이다. 게다가 그 안개는 우리가 삶이라는 놀라운 선물을 받았다는 사실도 깨닫지 못하게 우리 눈을 가린다. 앞을 제대로 보지 못하면, 깊이 없고 피상적이며 인위적인 삶을 살게 된다. 주변에 영향력을 미치지 못하는 선택을 하게 되는 것은 물론이다. 하지만 앞을 제대로 볼 수 있다면, 진정한 인품에 힘입어 열정적으로 살게 될 것이다. 그러면 당신의 영향력을 극대화하고, 다음 세대에 길이 남을 유산을 만들어갈 수 있다. 최선을 다해 잘 살겠다고 선택한다면, 다시 말해 가장 높은 수준의 인품과 진정성을 추구하겠다고 선택한다면, 당신은 무의식적으로 평범한 사람들과는 다른 차원에서 살아가게 될 것이다. 한없는 기쁨, 이루 말할 수 없는 평화, 더할 나위 없는 즐거움, 가슴 벅찬 만족감을 경험하기 시작할 것이다. 이 모든 감정은 제대로 사는 사람에게만 따라온다.

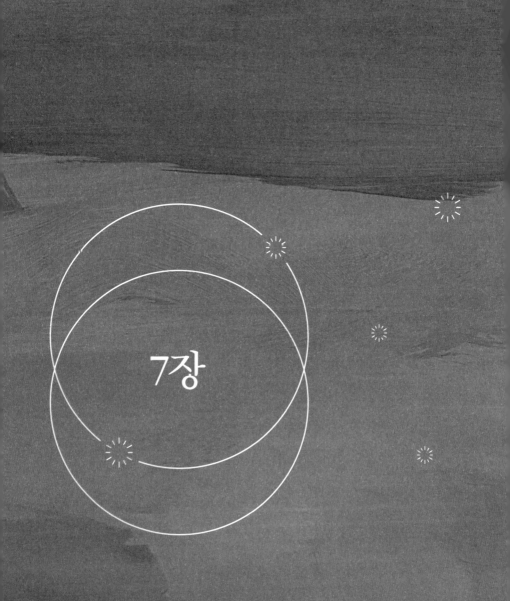

7장

포기하지 말고
버텨라

The Old Wisdom

때로는 그저 버틸 줄 알아야 한다

이 책은 내가 아내의 관 앞에 서 있는 장면에서부터 시작되었다. 그때 내 옆으로는 어린 두 아들이 있었고, 여러 명의 친척, 친구가 함께 있었다. 내 꿈은 산산이 조각났고, 미래는 암울하기 그지없었고, 삶은 끝난 듯했다. 당신도 인생이 완전히 달라진 듯한 그런 순간을 대면한 적이 있는지 모르겠지만, 내게 그 순간은 다소 비현실적으로 느껴졌다. 마치 공포 영화 속 누군가를 지켜보는 기분이었다. 이 사람이 나일 리 없어! 이런 삶이 내 것일 리 없어! 어머니에게서 "넌 특별한 사람이야"라는 말을 수도 없이 들으며, 그 말이 진짜라고 믿었던 아이에게 이런 일이 일어날 리 없었다. 대학 시절 연인과 결혼한 행복했던 젊은 남자에게, 졸업도 하기 전에 방송국에 일자리를 잡은 전도유망한 인턴에게 이런 일이 일어날 리 없었다. 아, 그렇구나! 동화 속 주인공처럼 나는 저주받은 거야.

나는 1974년에 아내 트리나와 처음 만났다. 당시 캘리포니아 주립대학 치코 캠퍼스 간호학과 2학년이던 트리나 라파예 윌리엄스 Trina LaFaye Williams는 젊고 아름다웠다. 나는 첫눈에 사랑에 빠졌다. 캠퍼스 다른 남학생들도 모두 그녀를 흠모했다. 우리는 몇 번의 데이트 끝에 '정식으로 사귀는 사이'가 되었다(요즘에는 이런 표현이 '브라운관 텔레비전'이나 '비디오카세트 녹화기'처럼 쓰이지 않는 말이 되었지만 말이다). 대학을 졸업한 우리는 직장생활을 시작했고, 결혼해서 가정을 꾸렸다.

트리나는 근처 산부인과 병원 분만실에서 간호사로 일했다. 나는 CBS 계열 지역 방송국인 KHSL 텔레비전에 취직해 '이미지의 세계'에 관해 배워나갔다. 무척 바라던 일이었기에 일할 기회를 얻은 것만으로도 좋았고, 검증되지도 않은 신참을 뽑아준 캘리포니아 KHSL에 감사할 따름이었다. 나는 방송국의 세계에 늘어갔고, 내 자만심은 하늘 높은 줄 모르고 치솟았다.

'자만은 어리석음이라는 고통을 마비시키는 마취제와 같다'는 말이 있다. 자만심은 내가 성장하고 발전하지 못하게 했고, 그 결과 나는 꽤 오랜 시간 삶의 깊이를 느끼지 못하고 겉돌 듯 인생을 살았다. 그럼에도 불구하고 마음 깊은 곳에는 아버지에게서 배운 교훈들이 살아 있었다. 그래서 모든 것이 걷잡을 수 없이 빠르게 진행되고, 때로는 기이한 일들이 아무렇지도 않게 벌어지는 텔레비전의 세계에서 또 다른 피해자가 생겨나려 할 때마다 내 귓가에 아버지가 했던 말들이 들리는 듯했다.

텔레비전 뉴스는 어쩌면 우리가 상상할 수 있는 가장 흥미진진한 세계 중 하나일지도 모르겠다. 그곳에서는 똑같은 일이 이틀 이상 반복되는 법이 없었다. 어느 날 시 의원과 예산 문제를 논의했다면, 다음 날은 봄철 샤스타 산에 불어닥친 때아닌 눈보라에 관해 취재했다. 그다음 날은 새로운 영화 촬영을 위해 도시를 찾은, 전설적인 영화배우 버트 레이놀즈Burt Reynolds를 인터뷰하기도 했다. 텔레비전 뉴스에는 지루한 일과 같은 건 없었다. 시종일관 320킬로미터의 속도로 달리는 자동차 경주 같았다.

나는 함께 일하는 사람들을 항상 감탄의 눈으로 바라보았다. 그들은 유리 어항처럼 사생활도 없고 정신도 없는 곳에서 제 역할을 다해냈고, 그러면서도 다른 사람에게 영향력을 미칠 만큼 높은 인품과 겸손한 태도를 갖추고 있었다. 분명 나는 그런 사람은 아니었다. 그때 내게 영향력을 미치는 일 같은 것은 안중에도 없었다. 내 머릿속에는 온통 이런 생각뿐이었다. '세상에, 내가 텔레비전에 나오다니! 이제 나는 이 지역 유명인사야. 인생 진짜 멋진걸. 나는 스타라고!' 조금 전에도 말했듯이, 자만은 어리석음이라는 고통을 마비시키는 마취제와 같다.

당시 나와 트리나에게는 모든 것이 완벽했다. 끝내주는 직업과 좋은 친구들이 있었고, 활력이 넘치는 레이 쉘튼Ray Shelton 목사님이 계시던 교회에 다니며 매우 만족스러운 신앙생활을 하고 있었다. 쉘튼 목사님은 유명한 설교가로서 지금도 내가 '우리 목사님'이라고 부를 만큼 내 평생의 롤 모델이 되어주신 분이다. 곧 귀엽고 사랑스러운 아들들도 얻었다. 1982년에는 제러마이아가, 1985년에는 앤드루가 태어났다.

나는 캘리포니아 주 북부의 소도시에서 아메리칸 드림을 이뤘다. 대학 도시인 치코는 미국에서도 아름답기로 손꼽히는 곳이었다. 대학에 가고, 같은 대학에서 연인을 만나 사랑에 빠지고, 그 연인과 결혼하고, 텔레비전 방송국에서 첫 직장을 잡고, 직장에서 대단한 사람들과 함께 일했다. 게다가 아름답고 지적이며, 산모들의 출산을 돕는 일에 늘 헌신하는 간호사인 배우자와 결혼생활을 했다. 이보다 더 좋은 인생은 없을 것만 같았다. 나를 둘러싼 모든 것이 아름다워 보였다. 우리는 저녁마다 처음 사랑에 빠진 연인처럼 서로를 품에 안고 행복에 겨운 시간을 보냈다.

주말에는 캘리포니아 북부 지역 이곳저곳을 찾아다니며 새로운 경험을 했다. 샤스타 산을 탐험하거나 래슨 산으로 소풍을 가기도 했고, 알마노 호수에서 낚시를 하거나 버니 폭포에서 캠핑을 하기도 했다. 페더 리버 협곡에서 하이킹을 했고 타호 호수 근처에서 스키도 탔다. 가끔 우리는 조금 멀리 샌프란시스코까지 가서 자이언츠팀 야구 경기를 보거나 공연을 보고 저녁을 먹었다. 때로는 차를 타고 서쪽으로 몇 시간을 달려 멘도시노를 여행하기도 했다. 멘도시노는 캘리포니아 해안가의 삼나무 숲 중간에 고즈넉이 자리 잡은 옛 동네로, 빅토리아 시대풍의 분위기를 느낄 수 있는 곳이다. 정말 완벽한 인생이었다. 흠잡을 데 없이.

1990년에는 우리 가족에게 많은 것이 새롭게 시작되었다. 방송국을 그만두고 석사와 박사 과정을 밟은 나는 힘든 공부를 마치고 마침내 박사학위를 받았다. 그동안 생활비를 모두 아내가 책임지고 있었지만, 이제 나도 다시 세상에 나갈 준비를 모두 마쳤다. 또 우리는 캘리포니아 주 프레즈노로 이사를 갔다. 나는 주중에는 캘리포니아 주립대학 프레즈노 캠퍼스에서 학생들을 가르쳤고, 주말에는 가끔 교회나 교회 수련회에 가서 설교를 했다. 아이들은 초등학교에 다녔고, 우리는 이곳에서 좋은 사람들을 많이 사귀었다.

신은 매번 우리 가족을 훌륭한 교회와 연결하여 축복해주셨는데, 그중에서도 프레즈노에서의 인연은 단연 최고였다. 밸리 크리스천 센터Valley Christian Center와 로저 위틀로우Roger Witlow 목사님이 내게 미친 영향은 매우 컸다. 정식으로 현장 목사 교육을 받은 적이 없는 젊은 목사로서, 나는 보고 배우는 일에 늘 굶주려 있었다. 내게 위틀로우 목사님은 기독교 리더십의 본보기 같은 분이었다. 겸손하고 배려심 많고 헌신적이었고, 예수님의 뜻을 세상에 전하는 일에 사명을 다하겠다는 마음이 누구보다 굳건했다. 밸리 크리스천 센터에서는 누구도 뭔가를 과시하지 않았다. 대단한 유명인도 없었다. 신자들은 다만 예배를 드리고, 하나님의 말씀을 듣고, 자신의 삶과 세상을 바꾸는 데 최선을 다하겠다는 마음을 다지며 집으로 돌아갔다. 겨우 몇 달이 지났을 뿐인데도 위틀로우 목사님은 내 인생에 매우 중요한 역할을 하고 계셨다.

우리는 프레즈노의 삶이 정말 만족스러웠다. 치코에 살 때도 여행 갈 만한 좋은 장소들이 많긴 했지만, 프레즈노는 겨우 두 시간 거리에 요세미티, 킹스 캐니언, 세쿼이아 등 국립공원이 세 곳이나 있었다. 또 세 시간 거리에 샌프란시스코와 미 중부 해안이, 네 시간 거리에 로스앤젤레스가 있었다. 이 시기에 돈도 제대로 벌기 시작했다. 금액이 꽤 컸다. 교수직으로 받은 첫 월급이 세후 2300달러였던 것으로 기억한다. 그렇게 큰 월급은 처음이었고, 네 자릿수 월급을 받아본 것도 처음이었다. 우리는 부자였다!

그 무렵 트리나의 부모님은 모두 돌아가셨고, 내 어머니와 아버지는 모든 가족의 '할매', '할배'가 되었다. 부모님 댁까지는 차로 얼마 걸리지 않았다. 우리는 부모님 댁에 자주 찾아가 대화를 많이 나누었다. 부모님은 우리가 진심으로 자랑스럽다고 자주 말씀하셨다. 트리나와 나는 인생의 그런 단계에 와 있었다.

나는 삼십 대 초반이었고, 어린 자녀들을 둔 아빠이자 젊은 남편이었고, 대학 교수였고, 목사로서의 소명 의식도 품고 있었다. '초등학교 3학년 중퇴자'의 지혜가 정말 절실히 필요한 시기였던 것이다. 아버지와 몇 시간씩 함께 나눴던 대화들을 지금도 분명히 기억한다. 나는 그저 아버지가 놀라웠다. 평생 아버지가 똑똑한 분이라는 건 알고 있었지만, 그토록 지혜로운 분이었는지는 미처 깨닫지 못하고 있었다. 엉뚱한 데 정신이 팔려 반항심만 가득하던 십 대 청소년기,

몸만 다 자란 것에 불과했음에도 세상을 다 안다고 생각했던 청년 시절에는 어른들의 말씀에 귀를 기울이고 지혜를 받아들이는 일이 왠지 어색하게 느껴졌었다. 하지만 이제는 그 어느 때보다 아버지의 말씀이 듣고 싶어졌다. 한마디, 한마디가 너무 소중했다. 나는 아버지에게 어린 시절에 이미 들었던 이야기도 다시 해달라고 조르곤 했다. 다 기억하면서도 뭔가 생각할 거리가 있으면 한 번 더 듣고 싶었다. 나중에는 아버지가 말을 아끼시는 이야기도 듣고 싶어졌다. 예를 들면, 아버지가 캘리포니아 해양 대학교 소속 잠수함 취사실에서 일할 때 상사 중에 아버지와 껄끄러운 관계에 있는 사람이 하나 있었는데, 그와의 일이 궁금했다.

아버지가 그 사람에 관해 한 번도 나쁜 말을 하거나 불평을 한 적이 없었기에, 나는 그런 사람이 있었다는 정도만 알고 있었다. 어느 날 나는, 이 상관이 아버지뿐 아니라 취사실에서 함께 일했던 다른 사람들까지 얼마나 어떻게 애를 먹였는지 자세히 이야기해달라고 부탁했다. 아버지는 그 사람을 깎아내리는 말은 전혀 하지 않고 그저 이렇게만 말씀하셨다. "살다 보면 신경에 거슬리는 사람이 주변에 늘 한둘은 있게 마련이야. 그게 함께 일하는 직장 동료일 수도 있고, 회사 사장일 수도 있지. 하지만 그들을 존중하기 위한 노력을 아끼지 말아야 해. 그리고 그 사람들에게서도 뭔가를 배워야 해. 아들아, 때로는 그저 버틸 줄 알아야 한다. 무슨 일이든 언젠가는 다 지나갈 거라고 믿고, 그저 굳세게 버티는 거야."

수도 없이 많이 들었던 말이지만, 그때까지도 나는 그 말의 진정한 의미를 모르고 있었다. 내가 고통을 견뎌야 할 상황에 놓이기 전까지는 그 의미를 제대로 알 수 없었다. 보통 그런 상황에 놓이면 사람들은 누군가를 비난하거나, 자신을 방어하거나, 그냥 피하거나 도망쳤다. 그저 버티는 것은 자연스럽지 않은 일이었다.

버텨낸 사람들

웹스터 사전은 'stand(버티다)'를 '계속 곧게 선 자세를 유지하다'라고 정의한다. 그리고 '특정한 위치, 태도, 과정 등을 계속 유지하다'라는 설명을 덧붙이며 뜻을 좀 더 명확히 밝히고 있다. 나는 20세기 미국의 시민 평등권 운동과 관련한 연설문과 수사학을 오랫동안 연구해왔다. 그래서 이런 설명을 보니 떠오르는 사람들이 있었다. 바로 자신과 가족의 신변이 위협받는 상황에서도 결코 뜻을 굽히지 않고 버텼던 그 모든 자유의 투사들과 민권운동가들이었다.

제일 먼저 떠오른 사람은 1947년 4월 14일 흑인으로서는 최초로 인종의 장벽을 깨뜨리고 메이저리그에 진출한 미국의 프로야구 선수 재키 로빈슨Jackie Robinson이었다. 한번은 로빈슨이 브루클린 다저스Brooklyn Dodgers의 단장이었던 웨슬리 '브랜치' 리키Wesley 'Branch' Rickey에게 이렇게 물었다. "단장님, 맞서 싸울 용기를 가진 사람이 필요하신

가요?" 단장은 대답했다. "재키, 나는 맞서 싸우지 않을 용기를 가진 사람이 필요하네."

미시시피 주의 소작농이었던 모지스 라이트Moses Wright도 떠올랐다. 그는 1955년 백인들뿐인 법정에 홀로 서서 자신의 조카 에밋 틸Emmett Till을 살해한 두 백인 남자에 관해 증언했다.

여성정치위원회에서 활동하던 조앤 로빈슨Joann Robinson도 생각났다. 1955년 12월 1일, 앨라배마 주 몽고메리의 로자 파크스Rosa Parks가 버스의 백인 전용 좌석에서 일어나길 거부하다 경찰에 체포됐을 때, 로빈슨은 대대적인 버스 승차 거부 운동을 벌일 계획을 세웠다. 하지만 시위가 성공하기 위해서는 24시간 안에 몽고메리에 사는 5만 명의 흑인들에게 이 결정을 알려야 했다. 휴대전화, 팩스, 이메일, 메신저도 없던 시대였기에 로빈슨은 밤새 등사판 앞에 서서 3만 5000장의 전단지를 인쇄해 사람들에게 배포했다. 그녀의 노력 덕분에 1955년 12월 5일 하루 동안 시위 활동은 매우 성공적으로 이루어졌다. 그리고 이날을 시작으로 여러 단체가 11개월에 걸쳐 버스 승차 거부 운동을 벌여, 이듬해 몽고메리 지역에서 버스 내 인종 분리 정책을 폐지시키는 결과를 얻어냈다.[34]

---

34 버스 승차 거부 운동에 관한 상세한 내용이 알고 싶다면 데이비드 J. 개로우David J. Garrow가 쓴 『십자가를 지고: 마틴 루터 킹 주니어와 남부 기독교 지도자 회의Bearing the Cross: Martin Luther King, Jr. and the Southern Christian Leadership Conference』를 읽어보기 바란다.

1957년, 백인 학생들만 다닐 수 있었던 아간소 주 리틀록의 센트럴 고등학교에 입학하고자 했던 그 아홉 명의 흑인 학생들도 생각했다. 주위 사람들을 선동하는 무리에 맞서 버티는 일은 절대 쉽지 않았을 것이고, 정말 큰 용기가 필요했을 터였다.

엄청난 위험을 직면하고도 굳세게 버텨냈던 또 다른 사람, 프레드 서틀스워스Fred Shuttlesworth 목사도 떠올랐다. 그는 살던 집이 폭탄 공격까지 받았지만, 결코 흔들리지 않고 계속해서 버텨냈다.

물론 마틴 루터 킹 주니어도 빼놓을 수 없었다. 킹은 1955년부터 암살당하던 1968년 4월 4일까지 거의 매일 죽음의 협박을 받았다. 죽기 전날 밤 연설[35]에서도 그는 결코 뜻을 굽히지 않겠다고, 어떤 일이 벌어지더라도 계속해서 버티겠다고 자신의 뜻을 분명히 밝혔다.

앞으로 무슨 일이 벌어지게 될지 저는 모릅니다. 우리는 모두 힘든 시기를 눈앞에 두고 있습니다. 하지만 지금 저에게 그것은 문제가 되지 않습니다. 왜냐하면 산꼭대기에 올라봤기 때문입니다. 저는 걱정하지 않을 겁니다. 다른 사람들처럼 저도 오래 살고 싶습니다. 오래 사는 건 좋은 일이죠. 하지만 이제는 오래 사는 일에 연연하지 않습니다. 저는 그저 하나님의 뜻대로 되길 원

---

35   일명 '산꼭대기 연설The Mountaintop Speech'이라고 알려진 매우 강력한 메시지의 연설문이다.

합니다. 하나님은 제게 산꼭대기에 오르도록 허락하셨습니다. 산 위에서 내려다보니 저 아래 약속의 땅이 보였습니다. 여러분과 함께 그 땅에 들어가지 못할지도 모르지만, 우리는 같은 인간으로서 약속의 땅에 들어가게 될 것이라고 자신 있게 말씀드립니다. 오늘 밤 저는 행복합니다. 누구도 걱정하지 않습니다. 누구도 두렵지 않습니다. '제 눈이 주님께서 오시는……'

킹은 연설 도중 감정이 어찌나 격해졌던지 지지자들의 팔에 말 그대로 쓰러지듯 안기며 말을 끝맺었다. "제 눈이 주님께서 오시는 영광의 순간을 보았기 때문입니다." 죽음의 위협, 피로로 녹초가 된 몸, 이겨내기 힘든 압박감, 이런 것들에도 아랑곳하지 않고 그는 지지자들을 향해 마지막으로 이렇게 말했다. "저는 버틸 겁니다."

버티는 삶이란 과연 무엇일까? 이 책의 마지막 장을 교정할 무렵, 영화배우 고故 크리스토퍼 리브Christopher Reeve의 아내 데이나 리브Dana Reeve가 폐암으로 별세했다는 소식이 들려왔다. 그녀는 비흡연자였음에도 불구하고 2005년에 폐암 진단을 받았었다. 하지만 그런 힘든 상황 속에서도, 신체 마비로 고통받는 사람들에 대한 사회적 인식을 제고하기 위해 자신과 남편의 이름을 따서 만든 재단을 계속해서 운영해나갔다. 자신의 비극이나 병에 굴복하지 않고 끝까지 버텨나갔다. 사람들은 그녀야말로 진정한 영웅이라고 입을 모았다.

나는 아버지의 이야기를 모두 다 듣고 싶었다. 특히 역경에 부딪

혔을 때 아버지가 어떻게 버티고 이겨냈는지 궁금했다. 그의 이야기
는 아무리 들어도 더 많이 듣지 못하는 것이 아쉽게만 느껴졌다. 나
는 그의 말을 한마디도 빼놓지 않고 귀담아들었다. 다른 이야기를
더 해달라고 계속 졸랐다. 그래서 훈련함 골든 베어가 시애틀의 한
항구에 정박해 있는 동안 끓는 물에 화상을 입으면서도 고통을 참
으며 훈련을 계속했던 일, 유색 인종이라는 이유로 쏟아지는 편견의
시선과 노골적인 차별의 분위기 속에서도 용기와 자신감을 잃지 않
고 당당하게 버텼던 일에 대해 들을 수 있었다.

　나는 평생 편견과 싸우면서도 사람을 사랑하기로 선택했던 한
남자의 지혜에 귀를 기울였다. 그 남자는 인종 차별적인 모욕을 당
하면서도 침묵하며 버텼다. 그는 내게 결코 사람을 피부색으로, 학
력으로, 이력으로 판단하지 말라고 말했다. 그는 아무리 포기할 이
유가 많아도 꿋꿋이 버텨낸 나의 아버지다. 그는 신을 위해, 가족을
위해, 사람들의 말이나 생각과 관계없이 옳은 정의를 위해 버텼다.
그래서 나는 아버지의 말에 귀를 기울였다. 나는 아버지가 인생을
사는 모습을 지켜보았고, 이제는 그의 지혜를 배우고자 했다. 그 지
혜는 모든 행동의 뒷받침이 되어줄 매우 귀중한 진실이었다.

　사람들은 요란하고 과장스러운 행동의 영웅을 찬양하곤 한다.
하지만 나는 지금도 아버지의 말을 찬찬히 되새기며 혼자 생각한다.
'릭, 버티는 법을 배워야 해! 꿋꿋이 견뎌내야 해. 그만두지 마. 포기
하지 마. 그냥 버텨!' 하지만 그때까지만 해도 몇 달 후 우리에게 어

떤 일이 닥칠지 예상하지 못했다. 오로지 아버지의 지혜에 매달리며 버틸 일이 생길 거라고는 전혀 상상도 하지 못했었다.

트리나와 나는 매년 하던 건강검진에서 별다른 이상이 발견되지 않았기에, 즐겁고 부푼 마음으로 1991년 새해를 맞을 준비를 했다. 그 무렵 트리나는 간호사 일을 그만두고, 아이들이 다니던 가톨릭 학교에서 도서관 사서로서 새로운 일을 준비하던 중이었다. 그녀는 그 일을 정말 하고 싶어 했다. 여러 해 동안 힘든 병원 일로 지쳐 있던 그녀는 아이들이 책과 가까워지도록 도와주는 일을 무척이나 즐거워했다. 그 덕분에 지금 완전히 장성한 우리 아이들은 여전히 쉬지 않고 열심히 책을 읽고 있다.

건강검진 결과가 좋게 나왔는데도, 트리나는 왼쪽 가슴에서 계속 멍울이 잡힌다며 걱정했다. 자가진단으로는 느껴졌지만, 유방 엑스레이 검사에서는 잡히지 않는 혹이 있었다. 조직검사 외에 몇 가지 추가적인 검사를 더 하고 일주일을 기다린 끝에, 나의 아내는 유방암 진단을 받았다. 유방절제술을 받은 후에야 정확한 진행 단계를 알 수 있겠지만, 암은 이미 림프절까지 전이된 상태라고 했다.

꿈처럼 완벽했던 세계는 점점 악몽이 되어갔다. 기쁨과 웃음으로 가득했던 날들이 순식간에 눈물과 불확실성이라는 구름으로 뒤덮였다. 캘리포니아의 멋진 경치를 이곳저곳 탐험하며 보내던 주말은 이제 수술과 약물치료, 방사선치료 후 회복과 휴식을 하는 데 다 쓰였다. 정기적으로 병원에서 검진을 받고 치료를 받아야 했기에 즉

홍적으로 뭔가를 하는 일은 꿈도 꿀 수 없었다. 새로운 경험을 찾아 떠나고 싶은 마음은 트리나의 암이라는 힘든 현실에 무참히 짓눌려버렸고, 모든 게 다 시들해지고 말았다.

가족들과 친구들 앞에서 나는 모든 게 잘 돌아가는 것처럼 행동했다. 어쨌든 나는 목사이자 '매사에 긍정적인 사람'이 아니었던가. 하지만 속으로는 달아나고 싶었고 숨어버리고 싶었다. 트리나를 위해 내가 할 수 있는 일이 아무것도 없었다. 이 현실을 어떻게 헤쳐나가지? 트리나가 죽기라도 하면 어떡하지? 우리는 어떻게 살지? 우리 애들이 그런 상황을 받아들일 수 있을까?

나는 정신적으로 거의 폐인 상태가 되어 누구하고도 대화를 나눌 수가 없었다. 여기서 중요한 점을 하나 짚고 넘어가야겠다. 나는 기독교인이고 목사이기도 하나. 그리고 교인들을 진심으로 사랑한다. 하지만 대개의 기독교인은 고통받고 힘들어하는 사람을 만났을 때 형편없는 반응을 보이는 경향이 있다. 참 아이러니하지 않은가? 나는 이런 상황들에 꼭 맞는 적절한 『성경』 구절을 이미 다 알고 있었다. 신이 하신 약속들도 알고 있었다. 내게는 포옹과 악수, 잠깐이라도 말없이 그 순간을 함께해주는 데서 느끼는 든든함, 그런 게 필요했다. 눈물이 아니라 웃음이 필요했다. 이웃의 고통으로 자신이 얼마나 마음 아픈지 보여주려는 듯 내 어깨에 기대어 우는 사람이 아니라, 내 고개를 들어 올려줄 사람이 필요했다. 이런 상황이었으니, 영적이지만 진부한 말만 늘어놓는 기독교인들을 만나는 일이 피곤해졌다. 나는 내가 직면한 현실을 대체하도록 도와줄 진정한 뭔가가 필요했다. 그래서 이전과는 다른 마음으로 『성경』을 읽기 시작했다. 그리고 아버지와 긴 대화를 나누었다. 이제 와 고백하지만, '버티는 것'은 가장 피하고 싶은 일이었다.

아버지와 대화를 나눌 때만큼은 내 속마음을 다 털어놓으려고 노력했다. 나는 트리나를 간호하고 아이들을 돌보는 일에 대해 말하고, 그 일을 내가 어떻게, 어떤 마음으로 하고 있는지도 이야기했다. 얘기하고 싶지 않은 주제와 미래의 일에 관해서도 의논드렸다. 그때는 미처 깨닫지 못했지만, 지금 생각하니 아버지는 '초등학교 3학년 중퇴자의 교훈'이라는 단기 특강을 열기라도 한 것처럼 나를 가르치고 계셨다. 아버지는 그런 힘든 시간을 위해 평생 모으기라도 한 듯이 당신의 지혜를 풀어놓으셨다. 아버지는 가만히 앉아 "아들아, 이제는 이걸 해라, 저걸 해라" 같은 말을 하지는 않으셨다. 대신 내가 말하고 울고 때로는 화도 낼 수 있게 그저 내 말을 다 들어주셨다. 묵묵히 들으셨다. 슬퍼하고, 괴로워하셨다. 아버지에게 트리나는 그냥 며느리가 아니었다. 딸과 마찬가지였다. 손주들의 엄마였고, 무척이나 아끼고 사랑하는 사람이었다. 아버지는 진심으로 마음 아파하셨다. 하지만 나를 가르치는 일을 그만두지는 않으셨다. 아버지는 이렇게 말씀하셨다. "아들아, 넌 지금 남자가 되어야 해. 네 아내는 어린애가 아닌 남자가 필요하다. 나도 널 나약한 아이로 키우지 않았어. 어엿한 남자로 키웠다. 네가 자랑스러워. 하나님의 도움으로

이 어려움을 헤쳐나갈 거라 믿는다. 그러니 매일매일 버텨내겠다고 약속하고 지금 당장 시작해라."

아버지는 평생을 버티며 살아오신 분이었다. 텍사스 주 같은 지역에서 인종 차별에 맞서 버티고, 일찍 아버지를 여읜 어려움에 맞서 버티면서도 위엄을 잃지 않으셨다. 그는 우리 형제에게도 교육 수준, 사회적 지위, 경제적 상황에 상관없이 그렇게 살라고 가르치셨다.

이제 단순한 생활의 지혜 그 이상의 뭔가로 절망에 빠진 아들을 위로해야 하는 상황에서, 아버지는 이렇게 말씀하셨다. "그동안 나는 내가 아는 최선의 방식으로 남자가 되는 법을 네게 보여줬다. 이제 네가 선택할 차례야." 그 말을 듣고 나는 앞으로 무슨 일이 생긴다고 해도 남자가 되겠다고 결심했다. 트리나에게는 강한 남자가 필요했고, 아직 어린 아이들에게도 모든 게 다 잘될 거라는 눈에 보이는 확신이 필요했다. 나는 믿음을 가져야 했다. 하나님은 절대 우리 곁을 떠나지 않으시리라는 것을 믿어야 했다. 그리고 신은 항상 우리 옆에 계셨다.

우리는 다시 걸어 나가는 법을 배울 수 있다

버티겠다는 나의 다짐은 몇 년 후 궁극적인 시험에 들게 됐다. 6년 동안 그렇게 많은 항암치료와 방사선치료를 하고도 결국 트리나는 세상을 떠났다. 나는 아이들과 함께 트리나의 관 앞으로 걸어가 마지막 작별 인사를 해야만 했다. 사랑했던 트리나가 관 속에 누워 있던 그날은 내 인생 최악의 날이었다. 나는 오로지 죽고 싶은 마음뿐이었다. 사람들이 나를 보고 있다는 걸 알았지만, 상관없었다. 그냥 다 관두고 싶은 마음이었다. 모든 걸 포기하고 싶었다. 아내를 다시 볼 수만 있다면 나도 저세상으로 따라가고 싶었다. 상심의 고통이 그처럼 아프고 힘들다는 걸 이전에는 미처 알지 못했다. 외로움이 깊으면 모든 게 다 마비될 수 있다는 걸 결코 알지 못했다. 허탈감이 그처럼 나를 절망스럽게 해 죽고 싶은 마음을 느끼게 할 줄 결코 알지 못했었다. 하지만 하늘에 계신 하나님께서 나를 붙잡아주셨고, 어린 두 아들이 나를 잡아끌어 억지로 고개를 들게 했다. 그리고 아버지의 단순한 말 한마디가 나를 일어서게 했다. 1996년 9월 11일, 트리나의 관 바로 앞에서 나는 버티겠다고 다짐했다.

버티겠다고 마음먹긴 했지만, 그런 결심은 늘 저항에 부딪치게 마련이었다. 트리나의 죽음 이후 몇 달 동안은 뒤죽박죽 혼란스러운 날들이 계속되었다. 내 마음은 외로웠다가 분노했다가, 좌절했다가 억울했다가, 다시 우울해졌다. 끝이 보이지 않는 감정의 롤러코스터를 탔다. 그 몇 달 동안 너무 힘들다는 생각이 들면 나는 버티겠다고 다짐했던, 내 인생의 전환점이 되었던 그 순간을 떠올리곤 했다(지금도 그렇다). 그저 버티겠다는 생각이 내 머릿속에서 저절로 나온 것이었다면 좋았겠지만, 이것은 초등학교 3학년 중되사 아버지가 아들에게 알려주신 마지막 교훈이었다.

아버지는 텍사스 주 출신으로 약 188센티미터에 125킬로그램의 건장한 체격을 가진 분이었다. 평소 누구도, 무엇도 두려워하지 않으셨다. 남자 중의 남자였고, 당신이 살아오신 방식 그대로 우리 형제를 키우셨다. 우리는 다른 사람을 존중하는 법을 배웠다. 공연히 시비를 걸며 말썽을 피우지도 않았지만, 다른 사람이 우리를 함부로 대하지도 못하게 했다. 나는 한 번도 아버지가 눈물을 흘리는 모습을 본 적이 없었다. 감정이 격해 있는 아버지의 모습을 본 것은 할머니가 돌아가셨을 때와 1968년 4월 4일 테네시 주 멤피스에서 마틴 루터 킹 목사가 암살당했다는 소식이 전해졌던 날 밤, 딱 두 번뿐이었다. 그때도 아버지는 울지 않으셨다. 그러나 트리나의 장례식이 끝날 무렵, 마지막으로 관 뚜껑이 닫히던 바로 그때 아버지는 감정을 주체하지 못하고 눈물을 보이셨다. 그리고 잠시 후, 감정을 가라앉히고 나를 향해 몸을 돌리셨다. 그는 내 어깨에 두 손을 올리며 결코 잊을 수 없는 말을 하셨다. 트리나의 장례식 동안 다른 사람들로부터 들었던 말은 대부분 기억하지 못하지만, 아버지가 했던 말은 한마디, 한마디 모두 기억하고 있다. 아버지는 먼저 내 귀에 대고 「에베소서」 6장 10절의 구절을 암송하셨다. "끝으로 너희가 주 안에서와 그 힘의 능력으로 강건하여지고."[36] 그런 다음, 내 인생을 바꿔놓은 말을 하셨다. "아들아, 그저 버텨라!"

이 말은 지금껏 받은 수업 중 가장 훌륭한 수업이었고, 지금껏 배운 교훈 중 가장 심오한 교훈이었다. 지금껏 받아본 훈련 중 최고의 과정이자, 최고의 라이프 코칭이었다. 지금껏 들어본 말 중 단연 최고의 조언이었다. 아버지의 인생이 내게 말하고 있었다. 그의 삶이, 경험이 말하고 있었다. 그 말에는 두 가지 진실이 담겨 있었다. 첫 번째는 '그 어떤 일이 생겨도 우리는 신에게 의지할 수 있다'는 것이었고, 두 번째는 '지옥 불 속에서도 계속 버틴다면 우리는 다시 걸어 나가는 법을 배울 수 있다'는 것이었다.

캘리포니아 주립대학에서 석사 공부를 하는 동안 나는 훌륭한 스승들을 많이 만났다. 오리건 대학교 박사 과정 중에도 위대한 사상가들을 만나 의견을 교류하며 자극을 받을 기회가 꽤 있었다. 그처럼 수준 높은 집단의 일원이 되는 특권을 누렸던 일도, 방송업계에서 뛰어난 동료들과 함께 일할 기회를 얻었던 일도 정말 행운이었다. 하지만 정식 교육 기관에서 공부했던 20년 이상의 세월을 포함하는 지금까지의 인생에서, 트리나의 관 앞에 서 있을 때 들은 그 말보다 더 위대한 조언, 더 심오한 지혜는 접해본 적이 없다. 그저 버텨라. 견뎌내라. 아들아, 그저 버텨야 한다!

최근 수년 동안 나를 이끌어준 것은 소박하지만 심오한 그 한마

---

36 킹 제임스 버전 「라이리 스터디 바이블Ryrie Study Bible」, 무디프레스Moody Press, 1994

디 말이었다. 버틸 일은 거기서 끝나지 않았다. 약 1년 후 아버지가 돌아가셨고, 4년 후에는 어머니가 돌아가셨다. 아버지가 돌아가시기 전에 그 마지막 교훈을 알려주신 것이 얼마나 감사했는지 모른다. 나중에야 나는 알게 됐다. 트리나의 병과 죽음으로 힘들어했던 그 시기에 아버지는 아들을 위한 인생 학교를 열고 전략적이고 체계적으로 당신의 지혜를 가르치셨다는 것을 말이다. 아버지는 말했고, 나는 들었다. 비록 아버지의 경험들을 모두 내게 그대로 적용할 수는 없었지만, 그 경험들은 일관되게 다음과 같은 말을 하고 있었다.

- 자신에게 진실해라.
- 항상 최선의 방법을 고민해라.
- 처한 환경이 어떻든 최선을 다해라.
- 무슨 일이 생기든 계속 버텨라.

1991년부터 1997년에 돌아가시기 전까지 아버지는 오로지 한 학생만을 위한 리더십 훈련 강좌를 여셨다. 과제는 어려웠고 평생 풀어야만 했다. 수업 내용을 완전히 이해하지 못하면 재수강은 필수였다. 수업을 완전히 이해한 다음에는 배운 것을 인생에 실제로 적용해야 했다. 비록 졸업식 날짜는 정해지지 않았지만, 언젠가는 졸업장도 받게 될 터였다.

내가 아내의 관 앞에 서게 될 그 1분을 위해 아버지는 평생을 준비하신 셈이다. 아버지가 그저 버티라고 말했을 때, 나는 선택해야한다는 것을 깨달았다. 이후에도 나는 매일같이 똑같은 선택을 되풀이하고 있다. 그 결과, 매번 다음과 같은 마음을 먹고 이런 태도를보이겠다고 다짐한다.

- 즐거운 마음
- 감사하는 태도
- 긍정적인 마음
- 어떻게든 목표를 이루려는 마음
- 정직한 마음
- 진심 어린 태도
- 가진 것에 만족할 줄 아는 마음

　여기서 분명히 짚고 넘어가야 할 것은 삶이란 결국 선택의 연속이라는 사실이다. 앞으로 일어날 일을 선택할 수는 없다. 하지만 어떻게 반응할지는 선택할 수 있다. 나는 아버지가 해주신 말씀에 오롯이 의지했다. 그 말들로 인해 삶과 죽음 사이의 진정한 차이를 알게 됐던 그 특별한 시간, 그때를 나는 지금도 생생히 기억하고 있다.
　장례식을 치르고 한 달쯤 지나니 트리나는 결코 돌아오지 않으리라는 사실이 그제야 현실로 느껴지기 시작했다. 감당하기에 너무나 벅찬 현실이었기에 인간의 능력으로는 받아들일 수 없는 일이라는 생각마저 들었다. 그럴 때 나는 아버지를 찾아갔다. 내게 버티라고 말씀하시는 아버지의 얘기를 그저 가만히 들었다. 그리고 온 힘을 다해 일어나 앞으로 나아가겠다고 선택했다. 그리고 나서도 나는 하루에도 수백 번씩 그 선택을 마음에 되새겨야만 했다. 무척 힘들었지만, 그래도 계속 버티라고 말하던 아버지의 지혜 덕분에 포기하지 않을 수 있었다. 절대 포기하지 말라던 아버지의 말씀에는 아무 희망도 품을 수 없는 상황에서조차 희망을 품게 하는 이상한 힘이 있었다. 내게 아버지는 절망이라는 구름 사이로 태양을 볼 수 있는 사람처럼 느껴졌다.

나는 계속 아버지의 말씀에 귀를 기울이며 스스로 믿기 시작했다. 어쩌면, 정말 어쩌면 아이들과 내가 이 힘든 시기를 견뎌내고 나 괜찮아질지도 모르겠다고 말이다. 우리 삶이 결코 평범했던 예전처럼 될 수 없다는 사실은 힘겹지만 받아들여야만 했다. 그리고 주위 사람들이 우리에게 벌어진 일을 다 알고 있었기에, 알지 못하는 부분까지 마음대로 생각해버리는 현실도 견뎌내야 했다. 사람들은 공개적으로 슬픈 일을 당한 사람에게는 마음대로 참견해도 괜찮다고 생각하는 모양이었다. 하지만 나는 새로운 현실 역시 받아들이기 시작했다. 우리는 살아남았다. 우리는 아직 살아 있었다. 우리 삶에는 여전히 의미가 있고 목적이 있었다.

트리나가 죽고 2년 후, 장례식을 치렀던 교회에 사람들이 다시 모였다. 이번에는 재닛과 나의 결혼식을 축하하기 위해서였다. 미친 소리처럼 들릴지 모르겠지만, 지금 내 평생의 사랑이 된 재닛 수 부처Janet Sue Butcher와 내가 만나게 된 것은 하늘에서 트리나가 도왔기 때문이라고 믿고 있다. 재닛은 아이들과 내가 충분히 슬퍼하고 마음을 추스를 수 있도록 배려해주었다. 우리가 결혼한 직후 재닛은 나의 두 아이들을 입양했다. 이로써 "아이들이 엄마 없이 자라지 않게 해달라"라고 하던 트리나의 유언도 이뤄졌다. 결혼 후 1년 뒤에는 셋째 아들 재커리Zachary가 태어났고, 또 그로부터 18개월 후에는 넷째 아들 조슈아Joshua가 세상에 나왔다.

어쩌면 배우자나 아이 등 사랑하는 사람을 잃고 이 책을 읽고 있는 사람이 있을지도 모르겠다. 전 세계를 다니며 내 경험을 말했을 때, 각계각층의 여러 사람이 자신이 겪은 상실의 아픔을 이야기하는 것을 듣고 나 역시 큰 감동을 받았었다.

바로 지금 여러분도 매우 힘든 시기를 겪고 있는지도 모르겠다. 그게 꼭 사랑하는 사람의 죽음이 아니더라도 직장에서 힘든 상황을 견디고 있거나, 힘겨운 결혼생활을 해나가는 중이거나, 도저히 견딜 수 없는 일들을 아이와 겪고 있는 중일 수도 있겠다. 그런 분들에게 꼭 이 한마디를 해주고 싶다. "버텨라!"

지금 느끼는 감정과 상관없이 우리는 계속 버텨야만 한다. 지금 껏 얘기했듯이 나 역시 눈에 보이는 것과 관계없이 버티는 법을 배워야 했다. 여러분도 반드시 계속 버텨야만 한다. 영국의 작가 조너선 스위프트Jonathan Swift는 비전vision은 눈에 보이지 않는 것을 보는 능력이라고 말했다.

나는 더 이상 나의 느낌과 감정을 믿을 수 없다는 사실을 배워야 했다. 그것들은 매일 내게 거짓말을 하고 있었다. 나는 신을 믿어야 했다. 신이 없었다면 나는 포기하고 스스로 목숨을 끊었을 것이다. 목사인 내가 이런 생각을 했다는 걸 알면 사람들은 깜짝 놀라겠지만, 배우자가 죽으면 따라 죽고 싶은 게 사실이다. "아내분은 더 좋은 곳으로 가셨을 거예요" 같은 말은 전혀 도움이 되지 않는다. 물론 아내가 더 좋은 곳에 있다는 건 기쁜 일이다. 하지만 나처럼 마음에 큰 상처를 입은 사람은 감정이 모든 상황을 지배하도록 내버려 두고 만다. 그리고 내 감정은 완전히 이기적이어서 '이 세상에 트리나가 없는데 왜 계속 살아야 하나?'라고 줄곧 말하고 있었다.

그렇기에 나는 아무 희망도 없는 사람들을 이해할 수 있다. 희망을 품을 이유가 하나도 없는 그런 사람들을 이해할 수 있다. 하지만 우리는 우리를 사랑하고 보살피고 자비를 베푸시는 신의 증거다. 손을 뻗어 신에게 닿기 위해 노력해보라. 그러면 신의 존재를 믿지 않는다고 할지라도 그분은 당신을 도울 것이다. 나도 똑같은 처지에 있어봤다. 신이 나를 도울 수 있을 거라고 믿지 않았다.

하지만 나는 이렇게 계속 울고만 있을 수는 없다고 생각했다. 그래서 처음에는 화가 잔뜩 나서 신을 불렀다. 완전히 좌절한 상태였기에 나는 수많은 감정과 싸워야만 했다. 어쩌면 남은 평생 계속 그래야 할지도 몰랐다. 하지만 그런 감정에도 불구하고 나는 신을 향해 계속 외쳤다. 그리고 듣게 된 그분의 대답이 처음에는 별로 마음에 들지 않았다.

여러 번에 걸쳐 나는 우주를 창조하신 그분, 마음만 먹으면 트리나를 우리에게 되돌려줄 수도 있는 그 존재가 말씀하시는 소리를 들었다. "릭, 내 아들아. 나를 믿느냐?" 이 말은 마음을 다친 인간이 듣고 싶은 대답이 아니었다. 하지만 또 한편으로는 이렇게 생각했다. '나를 낳아준 아버지가 트리나의 관 앞에서 했던 말을 하늘에 계신 아버지께서 그대로 말한다는 게 얼마나 아이러니한가. 신을 믿느냐고? 버티겠냐고?'

내 말이 불경스럽게 들릴지도 모르겠지만, 나는 버틸 거라고 생각하긴 했다. 더 이상 잃을 게 없었기 때문이었다. 내가 그때 깨닫지 못한 것은, 믿음을 향해 내디딘 작은 한 걸음이 모든 것을 움직이게 한다는 사실이었다. 나는 전에 없이 열심히 『성경』을 읽기 시작했다. 그리고 믿음 말고는 무엇도, 절대적으로 그 무엇도 신의 손을 움직일 수 없다는 사실을 깨닫기 시작했다.

"아들아, 그저 견뎌라." 아버지는 그렇게 말씀하시며 끝까지 신을 믿으라고 가르치셨다.

아버지는 어려운 상황에서도 버텨내라는 평생의 과제와 도전을 남겨주셨다. 당신도 그렇게 계속 버티며 사셨고, 버티는 삶이 무엇인지 몸소 보여주셨다. 그리고 내게도 버티라고 당부하셨다.

트리나가 죽은 후 대략 일 년 정도의 시간이 흐른 어느 날, 내 아버지 로저 매리언 릭스비는 일흔일곱 살의 나이로 이 세상을 떠나 신의 곁으로 가셨다.

정말 감사하게도, 나는 아버지가 돌아가시기 전 며칠을 함께 보낼 수 있었다. 비록 암으로 인해 몸은 죽어가고 있었지만, 아버지의 정신과 마음은 여전히 그대로였다. 심지어 병원 침대에 누워 우리 곁을 천천히 떠날 때조차 아버지라는 존재의 본질은 연단 위에 선 사람처럼 강건했다.

"아버지, 두렵지 않으세요?"

"아니, 두렵지 않아. 신께서 내게 축복을 내리셔서 이렇게 멋진 아내와 두 아들을 주셨으니, 이것만으로도 충분히 훌륭한 삶이었다. 이제 돌아갈 때가 된 게지. 내 아들들아, 너희에게 다음을 부탁하마. 리키, 지금처럼 계속해주겠니? 계속."

임종을 맞는 순간조차 아버지는 내게 교훈을 주셨다. 특히 임종 직전에 그는 내게 남자가 되라고 말씀하셨다. 계속해나가라고, 아무리 힘들어도 견디며 끝까지 자기 자리를 지키라고 하셨다. 계속 버티라고 하셨다.

아버지는 이렇게 말씀하셨다. "아들아, 엄청난 시련 속에서도, 무참한 환경과 참기 힘든 고통 속에서도 계속 버틸 수만 있다면, 다시 걸어 나가게 될 게다." 나는 포기하고 싶은 사람들의 마음을 이해한다. 하지만 계속 버텨라. 태양이 곧 비칠 것이다. 가슴이 무너지는 극심한 고통을 감당하고 있는 사람들에게 나는 계속 버티라고 말하고 싶다. 아무런 희망도, 희망을 품을 이유도 없는 사람들에게 계속 버티라고 말하고 싶다. 이제 곧 마음이 후련해질 것이다. 오래 버티면 버틸수록 당신은 더욱 강해질 것이다. 나는 버티는 삶은 마음을 강하게 하고 의지를 굳세게 한다는 사실을 경험으로 안다. 버티기로 마음먹은 사람들은 다음과 같은 것들을 얻게 될 것이다.

- 더 뛰어난 지략과 기지
- 힘든 시기에도 다른 사람과 환경을 탓하지 않는 자세
- 다른 사람의 기준에 맞추려는 욕구의 감소
- 더 큰 기쁨
- 더 큰 평화
- 삶에 대한 더 큰 열정

아버지는 항상 옳았다. 지금 아버지는 내가 감사하다고 말씀드려도 들을 수 없는 곳에 계신다. 하지만 나는 나만의 방식으로 감사의 마음을 전한다. 그의 가르침을 실천하는 다음과 같은 행동으로 아버지에게 고마움을 표시하는 것이다.

- 다른 사람에게 친절하게 대하기
- 한 시간 일찍 나가기
- 다른 사람을 돕기

- 일을 제대로 해내기
- 온전한 삶을 살기
- 항상 버티기

평범하지만 위대했던 한 남자를 기억하기에 이 얼마나 좋은 방법인가. 나는 아버지에게 매일 다른 사람들을 친절하게 대하겠다고 약속드린다. 그리고 그에게 감사하다고 말하기 위해 한 시간 일찍 나가서 좀 더 늦게 일어서고, 도움이 필요한 사람을 기꺼이 돕는다. 바른 인품을 갖춘 사람이 되려 노력하고, 탁월함을 갖추기 위해 늘 애쓴다. 모든 걸 내려놓고 싶을 때 버티라고 가르쳐주신 아버지에게 감사드린다. 당신의 심오한 지혜를 내 삶에 뿌리내릴 수 있게 해주신 데 정말 감사드린다.

내가 있는 곳 어디에서나 아버지의 일부가 함께하고 있다. 내가 쓰는 책의 모든 페이지마다 아버지의 지혜가 스며 있다. 나는 살아가는 매일매일을 통해 아버지의 지혜를 사람들과 나누고 있다. 아버지의 말씀을 내 입에서 되살리려 애쓰고 있다. 다음 세대를 위해 아버지의 지혜가 계속 살아 숨 쉴 수 있도록.

아버지, 계속 사랑하고, 계속 배우고, 계속 버티겠다고 약속합니다. 아버지가 전해주신 소박한 지혜를 제가 만나는 모든 사람과 나누겠다고 약속합니다. 아버지가 제게 가르쳐주신 그대로, 나라를 위해 제 모든 걸 바치겠다고 약속합니다. 목사로서 말하고 쓰는 일과 좋은 사람이 되는 일에 최선을 다하겠다고 약속합니다. 마지막으로 가족과 친구에게 충실하고, 무엇보다 주님을 섬기는 일에 온 마음을 다하겠다고 약속합니다.

아버지, 제게 위대한 스승이 되어주셔서 고맙습니다. 어떤 아들도 아버지 같은 훌륭한 스승을 두진 못했을 거예요. 사랑합니다, 아버지. 그리고 모든 것에 감사드립니다.

언제나 견디며.

옮긴이 조경실

성신여대 영문학과를 졸업한 후 산업 전시와 미술 전시 기획자로 일했다. 글밥 아카데미 영어출판번역 과정을 수료한 후 현재 바른번역 소속 번역가로 활동 중이다. 책을 번역하고 달리기로 하루를 마무리하는 일상을 살고 있다. 옮긴 책으로는 『일상이 예술이 되는 곳, 메인』, 『이지 웨이 아웃』, 『밤이 제아무리 길어도』, 『배색 스타일 핸드북』, 『현대미술은 처음인데요』 등이 있다.

오래된 지혜

초판 1쇄 발행 2021년 5월 10일
초판 2쇄 발행 2021년 6월 28일

지은이 릭 릭스비
옮긴이 조경실
펴낸이 김선준

책임편집 마수미
편집1팀 이주영
디자인 김혜림, 김세민
마케팅 조아란, 신동빈, 이은정, 유채원, 유준상
경영지원 송현주

펴낸곳 (주)콘텐츠그룹 포레스트 **출판등록** 2021년 4월 16일 제 2021-000079호
주소 서울시 영등포구 국제금융로2길 37 에스트레뉴 1304호
전화 02) 332-5855 **팩스** 02) 332-5856
홈페이지 www.forestbooks.co.kr **이메일** forest@forestbooks.co.kr
종이 (주)월드페이퍼 **출력·인쇄·후가공·제본** 더블비

ISBN 979-11-91347-16-6 (03190)

(주)콘텐츠그룹 포레스트는 독자 여러분의 책에 관한 아이디어와 원고 투고를 기다리고 있습니다. 책 출간을 원하시는 분은 이메일 writer@forestbooks.co.kr로 간단한 개요와 취지, 연락처 등을 보내주세요. '독자의 꿈이 이뤄지는 숲, 포레스트'에서 작가의 꿈을 이루세요.